W0372721

BIENTÔT *maman*

LE GUIDE - TÉMOIGNAGE DE

Melissa Bellevigne

POUR VIVRE UNE GROSSESSE ÉPANOUIE

PHOTOGRAPHIES
JADE SEQUEVAL

LAROUSSE
21 Rue du Montparnasse, 75283 Paris

Melissa
VOUS OFFRE
une chance

PRÉFACE

La chance de pouvoir vivre votre grossesse et votre accouchement librement, en étant informée, pas dirigée, en restant vous-même, au plus proche de ce que vous ressentez, en ayant le droit de ne pas être d'accord, comme elle, avec les diktats et les jugements qui ne manquent jamais dès que l'on parle de grossesse, puis d'éducation.

Il y a de la douceur dans l'approche de Melissa, de la douceur et de l'humour, de la détermination et du respect. Melissa parle volontiers de « chamboulement » à propos de cet événement. Quand je co-animais *Les Maternelles* sur France 5, je parlais régulièrement de « révolution », tant il est vrai que nous ne sommes plus jamais les mêmes après la venue d'un enfant, physiquement et psychiquement. Ce constat valant aussi pour les papas qui seront heureux de trouver un alter ego en la personne de Denis, le mari de Melissa, qui a accepté de partager ses impressions dans ce guide.

Chaque grossesse, chaque naissance, chaque enfant est différent. Forts de leurs expériences, à la fois communes et singulières, Melissa et Denis nous livrent avec sincérité leur vécu, leurs réflexions, leurs préférences et aussi, parfois, l'évolution de leurs convictions. Car les enfants, la vie, nos conjoints ne cessent de se transformer et de nous transformer. On ne vit pas une deuxième ou une troisième grossesse à l'identique même si, comme vous le conseille Melissa, il est préférable d'anticiper et de se préparer pour être capable de s'adapter aux imprévus qui, quoi qu'il arrive, ne manqueront pas.

Prenez le temps d'entrer dans ce guide-témoignage, puis d'y revenir aux différentes étapes de votre grossesse. Rassurez-vous ou indignez-vous, choisissez, souriez, dormez quand bon vous semble, mais vivez pleinement cette expérience au plus près de ce que vous désirez et de ce que vous imaginez. C'est vrai : une grossesse, c'est à la fois banal et exceptionnel. La vie qui s'épanouit en vous mérite que vous preniez ce temps, la femme que vous êtes en train de devenir, aussi.

Loin des tabous et des idées reçues, Melissa est un peu comme une nouvelle amie. Ses mots justes disent tout haut ce que vous n'avez peut-être pas encore osé partager ou demander. Notre société cantonne et stigmatise, Melissa vous tend la main. Allez, dans quelque temps, votre petit sera là.

Quelque chose me dit que nous en reparlerons !

Nathalie Le Breton

Sommaire

LA VIE
est
pleine
de
SURPRISES

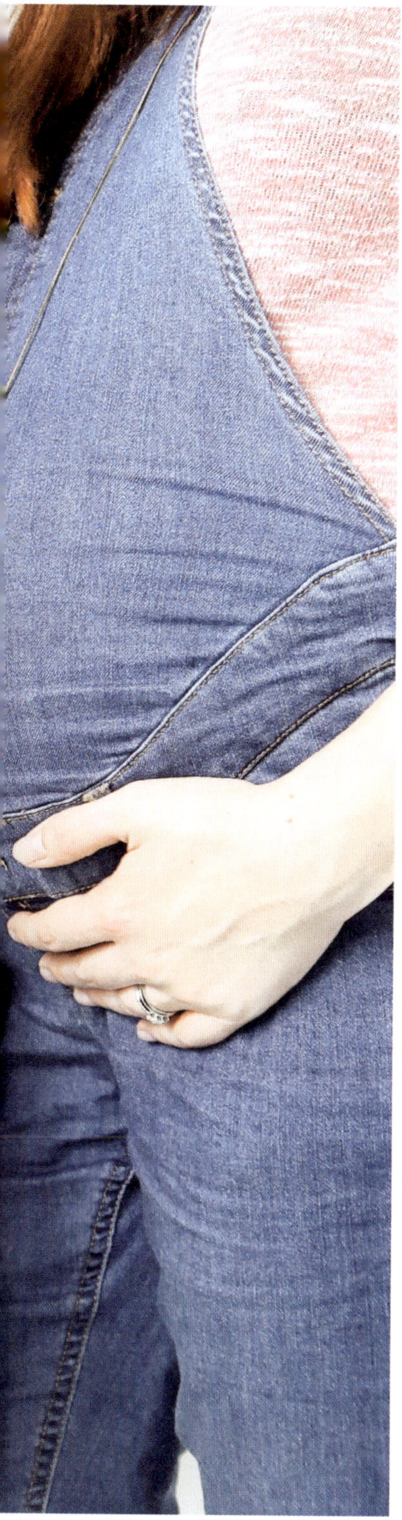

AVANT-PROPOS

Bientôt maman

Ah, la maternité ! Un vaste mot, presque un concept bien souvent difficile à imaginer, et pourtant, nous sommes plusieurs à en rêver. Pour ma part, la première fois que je me suis imaginée mère, c'était il y a bien longtemps. Je ne saurais dire précisément quand ça m'a pris, mais ce qui est sûr, c'est que j'étais très jeune. Trop jeune même, selon certains. Le souvenir le plus lointain remonte aux grandes vacances, entre la sixième et la cinquième, j'avais à peine 12 ans. Cet été-là, j'étais allée dans l'Aveyron, en colonie de vacances – à reculons, puisqu'il fallait toujours insister pour que j'accepte de mettre les pieds ailleurs, moi, la jeune ado casanière. Le seul souvenir que j'avais rapporté de ces quelques jours, c'était un petit poupon en céramique, un bébé blond et joufflu d'à peine 10 cm. Tu as bien lu : j'avais passé plusieurs jours à découvrir un endroit que j'avais finalement adoré, on avait campé, on avait joué de la guitare en faisant griller des chamallows dans le feu, on avait dormi dans une roulotte en bois tirée par un cheval, on avait visité une fabrique de pulls en laine, on s'était baigné... mais j'avais rapporté un bébé bibelot. Aucun lien avec ces vacances – que j'avais pourtant adorées au final –, non, juste ce poupon allongé sur un coussin, son regard bleu fixé sur le mien. Dans la boutique de souvenirs, je n'avais même pas hésité une seconde ; c'était lui et rien d'autre.

Tu l'auras compris, toute petite déjà, j'avais ce besoin, cette quasi-certitude que je ne serai jamais vraiment heureuse sans un enfant. Pourtant, l'idée que je me faisais de la maternité à cette époque-là était bien loin de la réalité. Plus de quinze années après cet épisode du camp de vacances, me voilà maman de deux garçons, nés en 2012 et 2015. Bien que ma vraie vie de maman soit à mille lieues de ce que j'idéalisais à mes 12 ans, elle n'en est pas moins passionnante.
Oui, mais voilà, devenir maman peut être aussi exaltant que déroutant. De plus en plus souvent, les femmes sont d'abord confrontées au doute, à la peur de ne pas réussir à tomber enceintes. Lorsqu'enfin elles le sont, les aléas et l'inconnu de la grossesse prennent le relais. Enfin, au moment si attendu de la naissance, elles se retrouvent face à des sentiments contradictoires, à une détresse inattendue, à l'appréhension de ne pas savoir comment s'y prendre avec un bébé.
On ne sait plus très bien si l'on reste soi, si on est toujours une femme, si on est vraiment cette « maman idéale » pour notre enfant, si on réussira à tout mener de front sans en venir à laisser son couple de côté...
Être mère s'avère finalement être une sacrée galère, un chemin semé d'embûches, de questionnements et d'angoisses légitimes, mais difficiles à accepter.

Voilà quelques années que je fais moi-même l'expérience de la maternité, et je ne compte plus le nombre de fois où mes lectrices, des amies ou même de parfaites inconnues me demandent comment je fais pour « assurer » tout en restant « si posée ». On me dit souvent que je dégage quelque chose de très paisible quand j'évoque mes grossesses ou mes enfants (on me dit aussi que, si je continuais, je finirais par faire remonter l'indice de fécondité de la France !). C'est aussi flatteur qu'amusant, et vrai ! Bien que je n'aie pas

C'EST VITAL *de penser un peu à soi* POUR POUVOIR S'ÉPANOUIR *dans la maternité.*

été épargnée par ces doutes et ces angoisses (et mon mari non plus !), je me sens bien dans mes baskets, mieux encore qu'avant de découvrir les joies de la maternité.

Je n'ai pas l'impression de m'être oubliée dans l'équation, ni d'avoir aimé mes bambins au détriment de mon amoureux. Je ne sais pas véritablement d'où vient cette zen attitude face à mes activités et responsabilités liées à la maternité, mais il y a tout de même bon nombre d'astuces, de conseils et de visions positives, piochés par-ci, par-là, que j'ai choisi de suivre dès ma toute première grossesse et qui font que je me sens épanouie et tranquille dans ce rôle que je désirais avec tant d'impatience.

Ce guide, c'est pour moi une façon de partager tout ce qui, au quotidien, m'a permis de faire face à divers petits et gros tracas, sans être limitée par un nombre de caractères ou de thématiques. C'est une occasion de montrer qu'il n'est pas impossible d'être une maman cool, une maman coquette, une maman sportive, mais aussi et avant tout une femme. Car avant d'être mère, c'est ce que nous sommes, toi et moi. Des femmes avec nos rêves, nos passions, nos envies, nos lubies, nos coups de blues et nos moments d'euphorie. Si beaucoup de jeunes mamans se sentent parfois débordées au point d'oublier tout ça, il n'est en réalité pas si compliqué de trouver quelques instants dans nos journées pour se rappeler qu'on a le droit et le devoir d'exister en tant que femmes.

Parce que c'est vital de penser un peu à soi pour pouvoir s'épanouir dans la maternité. Et, fais-moi confiance, tes p'tits bouts ne se porteront que mieux s'ils voient leur maman joyeuse et heureuse de prendre un peu de temps pour elle. Sans compter les papas qui, un peu trop souvent, voient leur amoureuse se transformer du jour au lendemain en une maman à plein-temps, alors qu'une vie de famille ne sera que renforcée et plus heureuse si le couple qui en est le fondement survit à tous ces chamboulements.

LE MOT DU papa

Moi, je suis donc Denis.
J'ai connu Melissa en 2007, il y a bien longtemps maintenant, et on peut dire qu'on en a fait du chemin depuis ! J'interviendrai de temps en temps au fil des pages pour apporter ma petite touche paternelle à cet ouvrage.

MAIS QUI suis-je, AU FAIT ?

Je m'appelle Melissa. Je suis née en 1990, à l'époque où Bruel se cassait la voix et où Gorbatchev recevait le prix Nobel de la paix. Autant Gorbatchev, je ne m'en souviens pas vraiment, autant Patriiiiick, je peux te dire que je l'ai supporté encore pendant quelques années. Je suis mariée depuis 2008 avec celui qui est aussi mon meilleur ami, il s'appelle Denis. Nous sommes parents d'un Petit Prince, né en décembre 2012, et d'un Petit Cœur, né en avril 2015. Et au moment où j'écris ces lignes, figure-toi que je suis enceinte de bébé numéro 3. On vit en Angleterre depuis l'été 2017 et on a deux chiennes, Wendy (un Golden Retriever) et Lou (un chien-loup de Saarloos). Et pour la petite histoire, j'adore écrire. J'écris des romans et je suis aussi la rédactrice du blog « Golden Wendy », dans lequel je partage, avec une joyeuse communauté, mes conseils, passions, bons plans, coups de cœur et autres états d'âme depuis 2013.

Que tu désires un bébé, que tu sois enceinte, ou déjà maman, j'ai envie qu'à travers ces pages, tu puisses être rassurée, prendre un peu de recul, rire, apprendre et surtout trouver la clé qui te permettra de devenir (ou de rester) une maman certes, mais aussi toi-même, une femme. Car devenir une famille heureuse, en fin de compte, c'est trouver et chérir cet équilibre qui permettra à tout le monde de s'épanouir, à la fois ensemble et séparément.

PARTIE I

Avant bébé

Ton amoureux et toi avez décidé de faire un bébé. D'une certaine manière, c'est déjà là que commence la maternité, puisque avant même d'obtenir ce test positif qu'on désire tant, il y a quelques petites choses à faire et à savoir pour mettre toutes les chances de son côté et démarrer une grossesse dans les meilleures conditions.

LES 5 CHOSES à savoir QUAND ON VEUT FAIRE un bébé

Pour mettre tous les atouts de son côté, il y a 5 petites choses à avoir en tête avant de démarrer les essais bébé. Certaines tombent sous le sens, mais pour d'autres, peut-être bien que tu n'y avais jamais pensé…

1 En parler avec son médecin

Pour l'avoir moi-même vécu, je peux t'assurer que, s'il y a bien quelqu'un que tu dois mettre dans la confidence lorsque tu décides avec ton amoureux de faire un bébé, c'est ton médecin. Si le tien est du genre infect et suffisant, c'est sans doute le moment d'en changer pour un autre sympa et compréhensif. Le principal avantage à discuter de tout ça avec un généraliste compétent et à l'écoute, c'est qu'il pourra te guider dans chaque étape de ce projet. Il pourra te conseiller quant à l'arrêt de ta contraception, te proposer un bon obstétricien, revoir avec toi les dosages de tes traitements en cours…

Cette consultation pré-conception est aussi super importante parce que c'est à cette occasion que ton médecin te prescrira de l'acide folique, communément appelé « vitamine B9 » ou « folates ». Une carence en folates chez une future maman peut jouer un rôle dans des anomalies du système nerveux chez le fœtus (ce que les médecins appellent « l'anomalie de fermeture du tube neural »). Mieux vaut donc prévenir que guérir : ton médecin te recommandera sans doute de démarrer ta cure d'acide folique au moins un mois avant de te lancer dans l'aventure d'une grossesse.

Et puis, le mettre dans la confidence, c'est l'assurance d'avoir une oreille attentive et fiable à qui t'adresser dès maintenant ou plus tard.

2

Ne pas se fixer de délai

Je suis sans doute la première à avoir fait ça, donc bien sûr, je ne te jetterai pas la pierre si tu as déjà programmé une grossesse pour début avril, histoire de ne pas être une baleine en plein mois de juillet et d'accoucher d'un beau bébé en plein hiver pour lui donner les premières tétées au coin de la cheminée en regardant la neige tomber (comment ça, je vais loin ?). Bon, plus sérieusement, s'il est tout à fait normal de se projeter un peu, le mieux reste encore de ne pas faire trop de plans sur la comète, ce n'est pas la peine de se mettre la pression. Se lancer dans ce projet, c'est déjà une aventure, inutile de mettre la charrue avant les bœufs (ou les bodys avant les nausées, ça marche aussi) !

Le mot du papa

Le rôle du conjoint est très important dès cette étape. Bah oui, elle risque de se sentir bien seule sinon à devoir expliquer qu'elle ne boira pas ce verre parce qu'elle a décidé de tomber enceinte. C'est d'ailleurs un bon exercice pour se préparer à la grossesse au cours de laquelle il faudra veiller sur elle et sur l'influence de l'entourage (parfois lourd).

3

Prendre de bonnes habitudes

(et se débarrasser des mauvaises !)

C'est un fait avéré : le tabac et l'alcool sont un frein à la fertilité (et pas seulement pour nous, pour ces messieurs aussi). Alors, ok, tant que bébé n'est qu'un projet, on peut encore siroter un verre de vin sans risque, mais l'idéal, c'est que ça devienne très occasionnel. Quant à la clope, étant donné que ça peut déjà te flinguer la santé quand tu n'es pas enceinte, il va sans dire qu'il vaut mieux t'en abstenir. Si vous fumez tous les deux, c'est sans le moindre doute le meilleur moment pour arrêter. Le tabagisme passif vaut également pour un bébé à naître.

Côté alimentation, l'idéal est là aussi de prendre les meilleures habitudes possibles.
Fruits et légumes à volonté, histoire de faire le plein de vitamines et de renforcer tes défenses immunitaires. Et si je peux te donner un conseil... étant donné que, pendant ta grossesse, il y a 99 % de chances qu'un élan incontrôlable te précipite sur un pot de Ben & Jerry's ou un sachet de croûtons à l'ail (comment ça, ça sent le vécu ?), mieux vaut éviter de démarrer une grossesse avec des kilos en trop.

4 Éviter le stress

Oui, je sais, je sais, c'est bien plus facile à dire qu'à faire ! Et c'est une grande angoissée qui te le dit. Il n'empêche que le stress peut avoir une incidence sur notre capacité à tomber enceinte. C'est bien connu, le stress peut déglinguer un peu tout dans notre corps, pas seulement nos humeurs. Alors, même si aucune femme n'est à l'abri d'un imprévu ou d'une contrariété, le mieux reste tout de même de se tenir éloignée de toute source connue de stress – j'entends par là tout ce qui, d'une façon ou d'une autre, a le chic pour t'ennuyer et te faire monter la moutarde au nez. Ce peut être ta belle-mère, cette collègue de bureau qui te regarde toujours avec son air suffisant dans l'ascenseur, le métro bondé, les réunions de famille qui dégénèrent en dispute généralisée, les films avec Ben Stiller... à toi de compléter la liste ! S'il le faut, passe le téléphone à ton homme quand c'est belle-maman qui appelle, prends soin de planifier quelque chose qui te plaît de façon à éviter les dimanches avec tata Jacotte et cousin Robert, passe par les escaliers quand tu vas bosser, prends le Vélib' plutôt que le métro et remets-toi à regarder *Friends* (ou ta série préférée). Tu verras, ça ira déjà mieux.

Et puis quand stress il y aura, à toi de dégoter les meilleurs moyens de t'en débarrasser au plus vite. Chocolat chaud, shopping avec ta meilleure amie ou bien, ce que je trouve le plus efficace en ce qui me concerne, séance de sport. Parce que oui, promis, transpirer, ça aide drôlement à relativiser !

5

Faites l'amour, pas la guerre !

J'espère ne pas te l'apprendre, mais l'immaculée conception, ça ne marche pas pour tout le monde. Même si tu as bien parlé de ton projet avec ton conjoint, que tu as consulté ton médecin, que tu prends de la vitamine B9 et que tu fais attention à ton hygiène de vie, comment te dire que, si ton amoureux et toi vous en tenez à une accolade, vous risquez d'attendre un moment ? Faire l'amour régulièrement, c'est encore le meilleur moyen de faire un bébé (si, si, je t'assure).

À ce propos d'ailleurs, il me semble indispensable de rappeler quelque chose d'essentiel, bien que ce soit plutôt délicat : les rapports entre conjoints doivent rester un moment d'amour et de plaisir. Certes, je conçois sans peine, lorsqu'une grossesse tarde à arriver (on en reparle juste après), qu'on est déçu, qu'on a l'impression qu'on n'y arrivera jamais, qu'on peut avoir une fâcheuse tendance à rendre les rapports « obligatoires », voire « mécaniques ». Quel dommage ! Qu'on soit au début de sa vie amoureuse, au début des essais ou qu'on attende depuis plusieurs mois de tomber enceinte, à mes yeux, rien n'est plus important que de savourer ces moments comme une véritable parenthèse de bonheur dans le couple. Car si bébé n'est pas encore là, vous deux, vous vous êtes sans doute bien trouvés, puisque vous en êtes à ce genre de projet. Pourquoi donc détruire ce lien en finissant par oublier votre vie d'amants ?
C'est vrai, quand on patiente depuis des mois, cela peut devenir compliqué de « ne pas y penser » et on peut vite tomber dans le piège du « si je veux être enceinte, je dois avoir un rapport tel et tel jours ». Quand on commence à tomber dans cette spirale, c'est notre moral, mais aussi les envies de notre compagnon, qu'on risque de saper petit à petit...

Les RAPPORTS ENTRE *conjoints* DOIVENT RESTER UN MOMENT D'AMOUR ET DE *plaisir*.

Dans ce cas-là, pourquoi ne pas faire un break ? Organiser un week-end en amoureux, partir quelques jours, sortir au restau, se faire un ciné, ou que sais-je encore ? Quelque chose qui vous fasse plaisir à tous les deux, quelque chose qui puisse ranimer un peu cette flamme fatiguée par la déception. Pour ma part, je sais que, dans les périodes pas faciles de notre vie, on a toujours essayé de se sortir la tête de l'eau en passant un moment juste tous les deux, loin de nos soucis. Ce peut être seulement quelques heures ou bien quelques jours. Ce genre de moment hors du quotidien permet de raviver un peu notre amour, de se rappeler que, si tout ne se déroule pas exactement aussi vite qu'on l'espérait, on a déjà un trésor à chérir : son couple.

Et puis, une fois que vous aurez repris un peu d'air, que vous vous serez tous les deux souvenus que ce désir d'enfant est avant tout une des plus belles preuves d'amour que vous puissiez vous offrir, pourquoi pas ne pas profiter du fait que vous soyez (encore) seuls pour vous amuser et pimenter un peu vos soirées ? N'oubliez pas que, faire l'amour, c'est avant tout une marque d'affection et une manière de vous faire plaisir.

« L'ENFER, c'est les autres »

Oh, ce n'est pas moi qui le dis, c'est Sartre (bon, à vrai dire, je n'ai jamais pu supporter ses écrits, mais je suis bien d'accord avec lui sur ce point-là). Je tenais à évoquer ce sujet, même si j'ai conscience qu'il reste épineux. Il n'en est pas moins important à mes yeux. Car oui, l'entourage peut devenir une véritable source de stress, jusqu'à arriver à instiller sournoisement un sentiment d'échec alors qu'il n'y a pas encore lieu de s'inquiéter. C'est pour cette raison que, si tu en es encore au stade des essais, je te recommande à 100 % de garder ce projet pour toi et les personnes en qui tu as une confiance absolue. Ton médecin, dont on a déjà parlé précédemment, est de loin le mieux placé et le plus objectif pour échanger avec toi au sujet de ton désir de grossesse et te présenter les éventuels aléas que tu pourrais rencontrer. Vos ami(e)s les plus proches, celles et ceux qui ont toujours été là pour vous et ne vous ont jamais laissé tomber même dans les grands moments de galère, seraient également d'une grande aide si tu les mettais dans la confidence et que tu avais besoin de soutien à un moment ou un autre.

Mais les autres, les autres… Pour l'avoir moi-même vécu, je peux te dire qu'il y aura toujours des proches, famille, collègues ou connaissances, qui te feront passer un interrogatoire dès qu'ils jugeront que tu es assez « posée » avec ton homme pour fonder une famille. Alors que, clairement, la décision de faire un bébé est une question si personnelle et intime !

À TITRE d'exemple...

À l'époque où mon mari et moi commencions tout juste à y penser, nous nous étions rendus à une fête de famille où j'ai eu la surprise de voir débarquer une personne que je n'avais pas vue depuis des lustres et avec qui je n'avais quasiment plus aucun contact. Me prenant par le bras, pas vraiment discrètement et un air grave sur le visage, cette femme, qui devait avoir au moins vingt ans de plus que moi, m'a soufflé à l'oreille un charmant : « Alors ? Comment ça va ? Ta maman m'a dit que tu avais du mal à tomber enceinte... » Bonjour le malaise. Atterrée, incrédule, hébétée, j'étais tout cela à la fois ! Non seulement je n'ai pas mis plus de temps que la moyenne à tomber enceinte (malgré un syndrome des ovaires polykystiques – ce qui est presque un exploit au passage), mais en plus... de quoi je me mêle ?

Avais-je évoqué mon désir de grossesse avec ma mère ? Peut-être bien. Sûrement, même. De toute manière, elle était aux premières loges quand je suis rentrée d'Aveyron avec ce bébé bibelot quand j'avais 12 ans, tu te souviens ? Depuis des années, elle savait que j'en rêvais. Toutes mes copines le savaient également, mais là, c'était bien la première fois que je me retrouvais sans savoir quoi répondre à une question aussi indiscrète que gênante. Cette envie de faire un enfant ne regardait que nous. Pas ma famille. Pas les amis de ma famille. Nous. Juste mon mari et moi. Le fait de comprendre que non seulement ma mère pensait qu'on « n'y arrivait pas », mais qu'en plus, elle l'avait évoqué avec quelqu'un d'autre, ça m'avait totalement déconcertée. Si au départ, ça m'a attristée, je me suis vite demandé combien d'autres personnes pensaient la même chose. Qui donc dans la salle pouvait bien me regarder en pensant : « Tiens, elle, elle voudrait bien avoir un bébé, mais elle n'y arrive pas, la pauvre » ?

Se PRÉSERVER

La pression sociale est un poids dont il faut effectivement se préserver. Plus encore dans ce genre de circonstance où un jugement sorti de nulle part nous tombe dessus, sapant notre confiance en soi. Les questions déplacées (oui, parce que, clairement, dans mon cas, c'était déplacé) et persistantes de l'entourage peuvent devenir un tel poids qu'on en viendra peut-être à les ressasser jour et nuit, à finir par se demander s'ils n'ont pas raison, si on n'a pas quelque chose qui cloche. Et comme je l'ai dit plus haut, non seulement il n'est pas utile de s'en faire plus que ça avant 12 mois d'essais, mais surtout, le stress, qu'il soit causé par sa propre mère ou par la question indiscrète de tata Jacotte, n'est bon ni pour le moral ni pour le corps.

Alors, parce que, malheureusement, on ne peut contrôler les dires et les pensées des autres, je pense que le mieux reste encore de ne pas évoquer ce type de projet avec les personnes qui ne nous ont pas déjà prouvé qu'elles étaient véritablement dignes de confiance. C'est se protéger soi-même, protéger son couple et s'éviter une pression supplémentaire qui ne nous aide à relativiser.

Quand une simple question sème la panique !

Bien sûr, la plupart du temps, les remarques et questions des autres ne visent pas à nous inquiéter ni à nous rabaisser. Je ne compte plus les fois où, entendant mon petit deuxième me réclamer « un bébé », on m'a sorti un « Aaaaaah ? Alors ? On pense à agrandir la famille ? »
Ce genre de question a le chic pour me mettre mal à l'aise en fait. Parce que les gens savent que j'adore être enceinte, que j'aime pouponner, que je pourrais passer mon temps avec un nouveau-né accroché à mon sein. Certes, mon attachement à la maternité est et a toujours été fort, c'est connu de beaucoup de monde au moment où j'écris ces lignes.

Pourtant, le fait que ce soit vrai autorise-t-il vraiment n'importe qui à plonger ainsi dans notre intimité, dans nos choix de couple ? Que sommes-nous censés répondre quand on nous demande ça au juste ? Oui ? Non ? Peut-être ? En ce qui nous concerne en tout cas, mon mari et moi pensons que ça reste une question bien trop personnelle pour qu'on y réponde.
- Si c'est « oui », on n'a pas envie que les autres fassent des plans sur la comète et nous tannent chaque mois après pour savoir si « ça y est ».
- Si c'est « non », on n'a pas envie que, si un jour on change d'avis, on nous le fasse remarquer ou qu'on l'interprète mal.
- Si c'est « peut-être », c'est que rien n'est fait, pourquoi donc aurions-nous envie que tout le monde sache qu'on réfléchit à ça ?

C'est bête, mais pourtant, c'est la vérité : une question apparemment anodine, qui ne risque pas de bouleverser la vie de celui ou celle qui la pose, peut s'avérer être un véritable raz-de-marée dans la vie d'une femme. Bien sûr, je suis convaincue que bon nombre de mamans, collègues et connaissances ne cherchent finalement qu'à s'assurer de notre bonheur, voire à nous apporter leur aide et leur soutien ; leur intention peut être tout à fait louable. Bon, on ne va pas se mentir non plus, il y en a aussi qui prennent un malin plaisir à poser la question parce qu'ils ont une curiosité mal placée. Et là, on se retrouve muette ou à bégayer pour trouver une réponse appropriée sans dévoiler sa vie privée.

Le mot du papa

C'est peut-être le moment de s'affirmer – même devant la belle-famille – et de répondre soi-même, surtout si la question est posée juste pour déstabiliser. Couper court à une telle conversation ou intervenir avec humour pour éviter à sa compagne de perdre ses moyens, c'est lui montrer qu'on la soutient en toutes circonstances, tout en rappelant à l'entourage les limites de votre intimité.

S'ENTOURER DES BONNES personnes

Quoi qu'il en soit, la décision de devenir parents et de se lancer dans l'aventure de la maternité ne regarde, à mon humble avis, que le couple. Si un homme et une femme choisissent de se confier à quelques personnes qu'ils jugent dignes de confiance, ce n'est en aucun cas à la famille ou à d'autres de s'autoproclamer conseillers en chef. C'est à toi et à ton amoureux qu'il revient de parler de ce souhait, seulement et si seulement vous vous sentez de le faire.

Avoir des proches ou des amis dans la confidence peut néanmoins s'avérer être une très bonne chose. Parce que, parfois, tout ne se passe pas comme prévu. Certains couples auront à faire face à une longue attente. D'autres devront peut-être en arriver à la PMA. Et parfois, même quand on a la joie de voir le test virer au positif, la vie peut avoir du mal à s'accrocher. Dans ce genre de moment éprouvant, parfois dramatique, il fait bon avoir une oreille attentive auprès de qui épancher son cœur, voire une épaule compatissante sur laquelle pleurer.

LE MOT DU papa

Peut-être que cette épaule ne sera pas la vôtre. Inutile de mal le prendre : ce n'est pas contre vous, c'est plutôt qu'une femme peut avoir besoin de parler avec quelqu'un qui ne soit pas concerné directement par la situation.

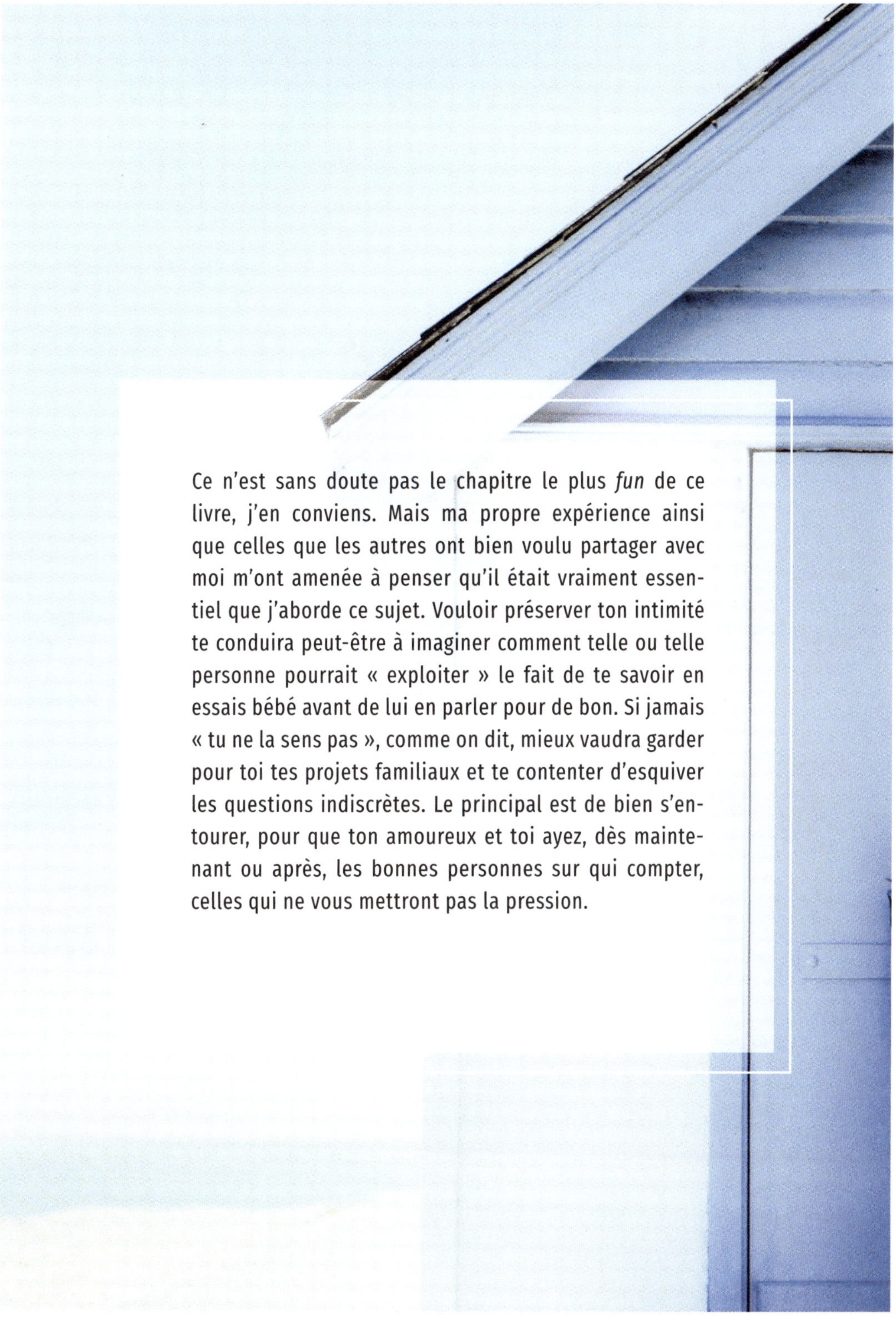

Ce n'est sans doute pas le chapitre le plus *fun* de ce livre, j'en conviens. Mais ma propre expérience ainsi que celles que les autres ont bien voulu partager avec moi m'ont amenée à penser qu'il était vraiment essentiel que j'aborde ce sujet. Vouloir préserver ton intimité te conduira peut-être à imaginer comment telle ou telle personne pourrait « exploiter » le fait de te savoir en essais bébé avant de lui en parler pour de bon. Si jamais « tu ne la sens pas », comme on dit, mieux vaudra garder pour toi tes projets familiaux et te contenter d'esquiver les questions indiscrètes. Le principal est de bien s'entourer, pour que ton amoureux et toi ayez, dès maintenant ou après, les bonnes personnes sur qui compter, celles qui ne vous mettront pas la pression.

QUAND TOMBER ENCEINTE N'EST PAS *si rapide...*

Si quelques veinardes ont droit à un test de grossesse positif dès les premiers essais, il faut reconnaître que, de plus en plus souvent, ce n'est pas si facile de tomber enceinte. Cela peut même devenir un vrai parcours du combattant et épuiser un couple psychologiquement et affectivement.

Quand le désir de fonder une famille se fait sentir plus que toute autre chose, cela peut être un vrai crève-cœur de voir les mois défiler sans que rien n'arrive. On se pose des questions, on se culpabilise, on s'inquiète... la maternité ne commence pas toujours aussi facilement qu'on le pense.

Dis, maman, COMMENT ON FAIT LES BÉBÉS ?

Navrée, je ne m'apprête pas à répondre dans le détail à cette question. Je te laisse trouver la « bonne réponse » toute seule. Il vaut mieux t'y préparer, car il arrivera probablement qu'un beau jour, au restaurant, devant cousin Robert et tata Jacotte, ton aîné de 5 ans te la pose d'un air sérieux et à voix haute. Il me semble utile de rappeler cette statistique qui risque de te toucher : en France, environ un couple sur six a du mal à concevoir un bébé.

Beaucoup de femmes sous-estiment le temps qu'il leur faudra pour tomber enceintes. Combien de temps faut-il pour faire un bébé ? Deux mois ? Cinq mois ? Quand j'avais parlé de mon désir de grossesse à mon médecin en 2011, il m'avait tout de suite indiqué qu'il n'était pas nécessaire de consulter « si ça ne marche pas tout de suite ». Je me souviens l'avoir entendu me dire qu'en général, on ne démarre pas de suivi pour la fertilité avant 12 mois d'essais infructueux. « Un an ? Ça peut être si long que ça, docteur ? » Eh oui, il n'y a pas à s'inquiéter avant un an d'essais. Bien entendu, personne n'est à l'abri d'un véritable souci de fertilité, du côté de la femme comme de l'homme d'ailleurs. Cela dit, bien souvent, le problème n'est pas si grave et, surtout, pas insurmontable.

À vrai dire, force est de constater que de très nombreuses femmes qui souhaitent tomber enceintes n'ont pas compris l'importance de connaître le fonctionnement de leur cycle, et donc d'avoir une idée du meilleur moment pour concevoir. La réponse à cette simple question « Comment on fait les bébés ? » n'a en fait rien de simple. Parce qu'au-delà de la rencontre d'un ovule et d'un spermatozoïde, il y a aussi le timing à prendre en compte.

De l'importance de connaître son corps !

Théoriquement, on sait qu'une grossesse survient quand la « petite graine » de papa rencontre l'« œuf » de maman. Bon, en règle générale, l'homme n'a pas tellement à se soucier de sa production de « petites graines ». Cependant, il faut se rendre à l'évidence, chez les femmes, non seulement l'ovulation ne se fait pas en continu, mais étant toutes faites différemment, il n'est pas rare qu'elle n'ait pas lieu pile-poil au 14e jour de leur cycle comme on peut le lire un peu partout. Certaines ont des cycles courts, d'autres plus longs. Certaines sont réglées comme des pendules (quelle chance !), d'autres ont des cycles totalement irréguliers. Coller un petit cœur dans la case « + 14 j » de son agenda (par pitié, ne fais pas ça, on en reparle un peu après, c'est à prendre au second degré !) ne veut donc pas dire grand-chose si on n'a pas appris à connaître son corps un minimum.

BON À savoir

La période la plus fertile de la femme est en principe de 5 ou 6 jours et se termine le lendemain de l'ovulation.

LE MOT DU papa

Messieurs, même si la situation est susceptible de vous inquiéter aussi, le mieux reste d'aider votre petite femme à se relaxer.
Accompagnez-la dans ses craintes au lieu de chercher à tout prix une solution.
Changez-lui plutôt les idées : pourquoi ne pas profiter de ce temps sans bébé pour organiser un week-end surprise en amoureux ?

Si cela fait déjà quelques mois que ton amoureux et toi attendez de devenir parents, il serait peut-être judicieux que tu essaies de capter un peu comment fonctionne ton cycle, histoire de pouvoir déterminer ta « période de fécondité ». Tests d'ovulation, courbe de température ou encore applis et accessoires connectés sur smartphone, il existe quelques moyens plutôt simples et accessibles pour déterminer le bon moment pour tomber enceinte. N'hésite pas à les essayer et, si tu réussis, tu as tout gagné !

Pour ma part, si mes cycles irréguliers et à rallonge (plus de 40 jours en moyenne, oui, oui !) m'ont un peu compliqué la tâche quand on s'est lancé dans l'aventure la première fois, j'ai finalement réussi à tomber enceinte très vite dès que je me suis servie des tests d'ovulation. C'est très facile à utiliser, ça ne coûte pas cher du tout et, ma foi, ça marche très bien ! Six ans plus tard, j'ai trois enfants, et ce malgré mon SOPK.

Si en revanche, malgré ces indicateurs, au bout de plusieurs mois, tu ne parviens pas à repérer le moment de ton ovulation, il peut être judicieux d'en discuter avec ton généraliste ou, mieux encore, ton gynéco. Il arrive que certaines femmes, pour une raison ou une autre, n'ovulent purement et simplement pas. Ce n'est peut-être que passager et souvent traitable, mais dans ce genre de circonstance, mieux vaut que tu sois accompagnée par un professionnel de la santé qui saura y voir plus clair.

LE TEST DE *grossesse*

La première fois que je me suis retrouvée devant un test de grossesse, j'étais morte de trouille. C'est vrai, on parle de conception, on parle de grossesse, mais entre les deux, il y a cette étape qui peut aussi bien être un moment de joie qu'une abominable déception. J'avais envie d'en parler ici, de ce fameux morceau de plastique pas vraiment glamour, puisque, dans la plupart des cas, c'est ce « bidule » qui marque le point de départ d'une nouvelle vie. Le premier test que j'ai fait était négatif. Pourtant, j'y croyais fort, mes règles étaient en retard – mais en toute objectivité, je n'ai jamais eu de règles régulières, alors je rêvais un peu que ça puisse avoir un semblant de sens. Mon cas est loin d'être isolé : des tests de grossesse, il y a des chances que tu en fasses deux ou trois, voire dix ou vingt, avant que ce soit enfin « le bon ».

Prépare-toi à vivre quelques moments de solitude, assise sur le rebord de la cuvette, ce bout de plastique entre les jambes, à te faire à moitié pipi sur les doigts, parce que ce n'est franchement pas pratique et que tu trembles déjà comme une feuille à l'idée de voir le verdict apparaître. Certaines préféreront faire le test chez leurs parents, histoire de pouvoir tomber dans les bras de leur maman, que ce soit positif ou négatif. D'autres le feront à la maison, à une heure où leur mari est là, de façon à découvrir le résultat ensemble. Mais avouons que, dans la plupart des cas, ce fichu test, tu vas probablement le faire toute seule en rentrant de la pharmacie, parce que tu l'auras acheté sur un coup de tête en te disant : « J'en ai marre d'attendre, je veux savoir. » D'ailleurs, combien d'entre nous attendront le lendemain matin, comme l'a conseillé la pharmacienne, pour recueillir les premières urines, soi-disant plus concentrées ?

Allez, j'exagère, c'est vrai, il y en a bien quelques-unes, disciplinées, qui attendront. Elles attendront jusqu'à 4 h du mat' parce que, de toute façon, elles ne réussiront pas à fermer l'œil de la nuit et se jetteront sur le test parce qu'elles ne supporteront plus de poireauter. Je caricature. Quoique. Pour avoir lu pas mal de témoignages de mamans racontant le jour où elles ont fait « le » test, je ne suis peut-être pas si loin de la vérité. C'est amusant d'ailleurs, parce qu'il ne s'agit finalement que d'un objet de peu de valeur, mais crois-moi, le jour où il virera positif, tu te souviendras de l'heure, de l'endroit où tu étais et de tout un tas de détails qui feront de cette journée le « premier jour du reste de ta vie ». De la valeur, il en aura à tes yeux ce jour-là, et pas qu'un peu.

D'ailleurs, si tu te demandes ce qui pourrait se passer dans ta tête le jour où ce sera ton tour, la toute première fois, je te propose de découvrir un petit bout de ma vie, un extrait de ce moment à la fois magique et terriblement flippant que j'ai vécu le matin du 4 avril 2012. À cette époque-là, j'avais décidé de rédiger un journal, des premiers essais à la naissance. Voilà donc en quelques lignes l'histoire de ce test de grossesse, celui qui a fait de nous des parents.

MERCREDI 4 avril 2012

Mardi matin, le 3 avril 2012 pour être exacte, donc hier, j'ai appliqué « mon plan » : je suis allée avec Wendy à la banque encaisser un chèque et, en revenant, je suis passée à la pharmacie pour voir d'abord s'ils avaient reçu les bas de contention que j'avais commandés vendredi matin. Ils ne les avaient pas. Et puis, discrètement, j'ai demandé à la pharmacienne qui me servait : « Je voudrais aussi un test de grossesse, s'il vous plaît. » J'ai même demandé s'ils les vendaient par lot de deux, au cas où, mais non. J'ai payé et je suis repartie avec Wendy. J'avais la chanson Ours *de Taylor Swift dans la tête ; c'est étrange d'ailleurs, parce que ce n'est pas celle que j'écoute le plus souvent, mais les paroles sont apparues toutes seules dans mon esprit :* This love is ours. *Et si notre amour avait vraiment porté ses fruits ?*

Comme un signe, le temps qui était plutôt couvert s'est dégagé au moment où je sortais de la pharmacie. Les rayons de soleil sont apparus. Je me suis dit qu'après tout, j'allais peut-être passer une journée plus surprenante que prévu… Et peut-être même réjouissante ?

En rentrant à la maison, j'ai ouvert la boîte bleue, bien lu les instructions, pris un verre propre dans le placard, mis mon téléphone en mode « chronomètre », pour ne pas me tromper au moment de regarder le résultat, et j'ai fait pipi dans le verre (oui, pas très glamour, je sais !). Les minutes qui ont suivi ont été les plus longues de ma vie. J'ai posé le bâtonnet le temps qu'il fallait dans le fond du verre, j'ai attendu les 6 à 10 secondes recommandées, puis je l'ai sorti, j'ai remis le capuchon, je l'ai posé sur le rebord du lavabo, je me suis assise sur le rebord de la baignoire, et j'ai attendu, les yeux faisant des allers-retours compulsifs entre mon portable et le cadran du test. La première barre de contrôle s'est colorée : ça fonctionnait.

Là, ça a été l'horreur. Mes mains tremblaient comme des feuilles mortes emportées par une tempête, mon cœur battait avec une force peu commune, ma vision se troublait, même si je restais concentrée sur le cadran. Je voyais si peu clair et je frémissais tellement de partout que je voyais double, enfin, c'est ce que j'ai d'abord cru, quand j'ai vu une seconde barre apparaître à gauche, dans la case « résultat ». Au bout d'un moment, j'ai compris que ce n'était pas seulement mes yeux, mais bien un trait très pâle qui se dessinait. « Trop pâle pour être positif », me suis-je d'abord dit. Prise de tremblements

encore plus forts, presque fébrile, j'ai tendu la main et j'ai attrapé la notice. Et là, j'ai lu : « Même un trait de couleur très clair indique un résultat positif. »

Je me suis rassise sur le bord de la baignoire, hallucinée. Moi qui étais persuadée qu'en apprenant ce genre de nouvelle, je me mettrais à pleurer comme une madeleine, rien. Je me suis observée un moment dans le miroir, comme si j'étais une étrangère, m'en voulant presque de ne pas réagir. Mais en fait, je n'étais sûre de rien, et cette fichue couleur ne garantissait rien à mes yeux.

J'ai attendu encore, jusqu'à ce que plus de 10 minutes s'écoulent sur le cadran de mon portable, et j'ai tout remballé. J'ai pris ma veste, mes clés, et je suis retournée illico à la pharmacie. Quand une pharmacienne d'un certain âge, qui avait vu avec quoi j'étais repartie quelques minutes plus tôt, m'a vu arriver, avec une expression étrange sur le visage (je devais aussi avoir les joues très rouges, la chaleur me montait à la tête), elle m'a regardée et m'a dit : « Qu'est-ce qui vous arrive ? » « Je crois que je vais avoir besoin de quelqu'un », ai-je répondu, tremblotante. Elle a appelé sa collègue, qui a confirmé le résultat positif. « Ne vous inquiétez pas, ça va bien se passer, il n'y a aucun souci. Prenez juste rendez-vous avec votre médecin. » Je suis repartie, étrangement vidée. Ça tournait à cent à l'heure dans ma tête, et en même temps, c'était comme si je ne ressentais rien.

En rentrant, je suis restée sans réaction un moment, assise sur la chaise de bureau, immobile, à essayer d'agir, sans le pouvoir. J'ai vu alors un mail de Denis qui me disait qu'il viendrait bien manger à la maison alors qu'il pensait ne pas pouvoir rentrer ce jour-là. « Non ! », ai-je pensé. Comment allais-je faire ?
Après une dizaine de coups de téléphone, et comme mon généraliste habituel ne répondait pas et ne donnait pas de RDV avant la fin de semaine, j'ai eu en ligne un docteur du quartier, qui m'a rassurée et m'a dit de juste « profiter ». Sa réponse m'a réellement fait du bien, mais ça ne m'a pas suffi. Dans le fond, je doutais tellement que j'avais besoin de plus que ça. Alors j'ai téléphoné encore et, au final, j'ai réussi à avoir un RDV pour l'après-midi même,

à 15 h 20 pour être précise, avec un docteur du même cabinet que le mien.

J'ai caché le test dans un placard et essayé de faire comme si de rien n'était : ménage (d'ailleurs, les plombs ont sauté pendant que je passais l'aspirateur), rangement... Quand Denis est rentré, je me suis concentrée sur le fusible qui avait sauté, je ne lui ai rien dit. J'étais convaincue que, tant que je n'aurai pas fait la prise de sang, c'était vendre la peau de l'ours avant de l'avoir tué. Il n'a rien remarqué (enfin, il m'a dit plus tard qu'il m'avait trouvée un peu silencieuse). On a commencé à regarder un film, Hugo Cabret, *fait une partie de 1000 Bornes, et il est reparti, à mon grand soulagement : j'aurais difficilement tenu une heure de plus sans lui parler.*
Et puis tout s'est enchaîné, je suis allée chez le médecin en bus, elle m'a posé quelques questions, pris ma tension (10/6), m'a auscultée ; j'ai ensuite filé au laboratoire avec mon ordonnance d'analyses. J'ai fait tout ce qu'il fallait : urines, prise de sang, je ne me souviens pas trop ; l'infirmière m'a dit que je pouvais la rappeler à 18 h pour avoir la confirmation de grossesse suite au test sanguin, et je suis rentrée. À 17 h environ, j'étais chez moi. Comme je n'avais pas Internet à cause de l'orage et que je ne retrouvais pas le modèle de lettre que j'avais déniché un jour pour annoncer une grossesse à mon homme de façon originale, j'ai fait simple : j'ai remis mon test dans sa boîte, collé un post-it marqué « MERCI » avec la date dessus, puis emballé le tout dans un joli papier cadeau. J'ai noté « Denis », avec un stylo violet pailleté. Et j'ai attendu. Maintenant que j'y repense, la météo, ce jour-là, ressemblait étrangement à l'état de mon esprit : instable, changeante, tantôt lumineuse, tantôt sombre : il y a eu un énorme orage en fin d'après-midi, carrément avec de la grêle. Wendy était tétanisée. Moi, ça m'a presque changé les idées... À 18 h, après quelques essais infructueux – le réseau téléphonique était perturbé par l'orage –, j'ai finalement eu le laboratoire qui m'a confirmé que le test sanguin était bien positif. J'avais mon deuxième test OK pour l'annoncer à monsieur... et tout se confirmait en moi.

Denis est rentré en retard du travail, juste après être passé chercher des fusibles, car le frigo ne marchait plus depuis la coupure de courant du matin, et la machine à laver s'était arrêtée en cours de lessive. Au téléphone, je

lui avais vaguement lancé un « Si t'es sage, tu auras une surprise en rentrant ».
Quand il est arrivé, je lui ai demandé s'il avait été sage. Il m'a souri, et après avoir été à la salle de bains, même s'il commençait déjà à parler électricité, je lui ai dit : « Viens, on va dans le salon. » Il n'a pas voulu s'asseoir et s'est mis près de la table. Je lui ai tendu le paquet et j'ai tout de suite compris en voyant son expression qu'il se doutait très fort que c'était un test de grossesse. Il l'a ouvert, l'a regardé timidement, a comparé le résultat au dessin figurant à l'arrière et a lancé un « Je le savais » presque sans ton.
Il m'a prise dans ses bras, quelques secondes à peine, et puis il s'est presque figé. Malgré mon sourire nerveux et tout aussi expectatif, il est instantanément reparti bricoler le tableau électrique ! Je suis restée immobile et seule, l'entendant parfois lâcher des « Pffiou ! Je ne réalise pas ! » et autres « Ouh ! Je suis en train de stresser là ! » depuis l'entrée (où se trouvait le compteur). Ça a duré comme ça quelques minutes que j'ai trouvées très longues. Honnêtement, j'ai été un peu déçue de sa réaction, j'aurais peut-être espéré un « Génial ! » joyeux, mais je ne pouvais pas lui reprocher ça alors que, moi-même, je n'avais pas su comment réagir quelques heures plus tôt. Ça m'a quand même angoissée de ne pas saisir pleinement ce qui se passait dans la tête de la personne que je connais le mieux…

Finalement, dans la soirée, Denis m'a semblé revenir un peu à lui-même, bien qu'il fût tout chamboulé (mais quoi de plus normal ?). On a parlé de plein de choses : à qui on allait l'annoncer, les trucs que je ne devais plus faire à manger… On s'est aussi amusé du fait que, maintenant, j'avais le droit de ne plus rentrer le ventre. Mais j'avais l'impression de parler d'un inconnu, comme d'un rêve, pas comme d'une réalité. Plus tard, on s'est mis au lit, et Denis a jeté un œil à quelques hôtels sur le net pour voir où on pourrait partir en week-end, « parce que là, ça ne va pas nous faire de mal ! », a-t-il dit. Ensuite, on a continué un peu le film du midi, en se regardant de temps en temps, mais sans rien dire. Et puis, comme je tombais de sommeil, on a tout éteint, je lui ai dit « je t'aime », et lui, il m'a dit « bonne nuit, futur petit nous ! » Là, je me suis dit que, malgré sa réaction étrange sur le coup, il était content. Et ça me suffisait pour être heureuse.

La météo, ce jour-là,
RESSEMBLAIT ÉTRANGEMENT
à l'état de mon esprit :
INSTABLE,
CHANGEANTE,
tantôt lumineuse,
TANTÔT SOMBRE...

LE MOT DU papa

Il est probable que vous ne réagissiez pas comme votre compagne l'espère à l'annonce de cette grossesse. Moi-même, j'ai eu un black-out, un trou noir total et, d'après Melissa, je n'ai pas réagi avant plusieurs heures. Rassurez-la en lui rappelant que ce n'est pas qu'on n'est pas content, c'est juste que, nous aussi, ça nous chamboule !

Voilà, ce n'était qu'un petit bout de mon histoire. Sauf que cette journée-là a fait de moi une future maman, et même si ce n'était jamais qu'un bout de plastique avec deux barres, eh bien, c'était toute ma vie qui venait de changer. Tu l'auras compris, on peut passer par toutes sortes d'émotions lorsqu'on apprend que, ça y est, on attend un bébé. C'est rarement le genre d'émotions qu'on attendait d'ailleurs. On s'imagine, pendant des semaines ou des mois, que ça va être l'explosion de joie, le sourire jusqu'aux oreilles. Mais ce peut aussi être les montagnes russes, un mélange d'excitation extrême mêlée à l'impression que c'est trop beau pour être vrai. On peut passer par la joie, les larmes, la trouille, l'angoisse. Et autant te dire que ce sera très certainement tout aussi confus du côté de celui qui, d'une seconde à l'autre, comprendra qu'il est un futur papa.

Deux barres, un « + », un « enceinte-2/3 semaines », peu importe ce qui apparaîtra dans le cadran, lorsque le jour du premier test positif viendra, crois-moi, que tu t'y attendes ou pas, ce sera le grand chamboulement. Peut-être bien le plus formidable de toute ton existence d'ailleurs.

PARTIE 2

En attendant bébé

Cette fois, ça y est : tu es enceinte, félicitations ! Quel sentiment nouveau ! Je ne sais pas toi, mais moi, les premières semaines, à chaque réveil, j'avais du mal à y croire tant j'étais heureuse (même si pour d'autres, ce sont les nausées qui précéderont ce bonheur). L'aventure démarre pour de bon, c'est parti pour plus ou moins 9 mois de grossesse, avec ses petits et grands tracas. Comment bien vivre ce moment qui semblera infiniment long pour certaines, ou beaucoup trop court pour d'autres ?

QUAND *et comment* ANNONCER SA GROSSESSE ?

Je dois bien t'avouer que, pour mes trois grossesses, la question de l'annonce a toujours été délicate. Si le papa est souvent le premier au courant et que tu le lui as sans doute déjà annoncé tout naturellement, pour la famille et les amis, c'est forcément différent.
Plusieurs questions se posent, on hésite, on a envie de le dire à la terre entière, mais on a peur de le regretter si jamais quelque chose se passait mal… c'est sans doute l'une des premières questions que ton compagnon et toi allez vous poser quand vous aurez appris ta grossesse.

Quand l'annoncer ?

On dit souvent qu'il vaut mieux attendre la fin du 3e mois de grossesse pour l'annoncer à tout le monde. Ce qui implique tout de même de garder secret tout un trimestre de sa grossesse. Un sur trois. Ce qui est énorme, quand on y pense. Alors, certes, il est vrai que, selon les statistiques, les fausses couches surviennent généralement dans les 10 premières semaines de grossesse et qu'au-delà, le risque chute fortement.

Pour ma toute première grossesse, nous avons effectivement attendu les 3 premiers mois pour annoncer la nouvelle. Même nos amis les plus proches n'ont rien su avant l'échographie des 12 semaines.

Pour ma deuxième grossesse, quelques amis proches savaient que nous avions très envie d'un deuxième enfant, et nous leur avons dit quelques heures ou jours après l'avoir appris, même si, une fois encore, nous avons attendu la fin du 3e mois pour l'annoncer plus largement.

Pour cette troisième grossesse, je dois dire que tout a été bien différent. On a eu envie d'en profiter plus et plus longtemps, plusieurs de nos amis intimes savaient qu'on se lançait encore dans l'aventure, probablement pour la dernière fois. Une de mes meilleures amies a d'ailleurs appris la nouvelle quelques minutes seulement après que je l'ai annoncée au papa.

Parce que, dans le fond, pourquoi attendre ces sacro-saints 3 mois ? C'est vrai, on peut souhaiter préserver son entourage d'une potentielle mauvaise nouvelle. Le dire tôt, c'est prendre le risque d'attrister nos proches si la grossesse tourne mal. Paradoxalement, quand on choisit de ne le dire à personne, qui sera là pour nous soutenir en cas de problème ? Avec du recul, je me dis qu'on a été inconscients de taire cette nouvelle pendant 12 semaines la première fois. Parce qu'à ne pas vouloir prendre le risque d'attrister les autres, on a pris celui de traverser un drame tout seuls, sans personne pour nous épauler. Fort heureusement, tout s'est bien passé.

Mais comment l'aurions-nous vécu si, enceinte de 1 ou 2 mois, j'avais perdu ce bébé tant attendu ? Aurions-nous eu le courage d'en parler à nos amis et à nos familles alors qu'on ne les avait pas informés de ma grossesse ? J'en doute. **Et aujourd'hui, je me dis qu'à chercher toujours à préserver les autres, on se prive parfois d'être bien entourés.** Voilà pourquoi, quand ma deuxième grossesse a été confirmée, on en a informé nos amis les plus intimes, ceux qui sont et ont toujours été là pour nous, dans les joies et les galères. Ils « savaient », ils se réjouissaient pour nous, et si quelque chose s'était mal passé, on n'aurait pas été livrés à nous-mêmes pour faire face au chagrin.
À mon humble avis, il n'y a pas de semaines de grossesse à respecter avant de l'annoncer, il n'y a pas d'unique « bon moment ». Le moment idéal ne se définit pas selon une norme, mais plutôt selon le souhait de chaque couple.

PETITE NOTE AU SUJET *des fausses couches*

Les fausses couches sont malheureusement assez fréquentes puisqu'elles touchent en moyenne une femme sur quatre. Beaucoup de femmes en vivront une, peut-être même plusieurs. La plupart des fausses couches se déclenchent à un stade très précoce de la grossesse (avant la fin du 3e mois) et sont en général la conséquence de « la nature qui nettoie », si je puis dire, puisque, le plus souvent, c'est signe que l'embryon n'était pas viable ou n'aurait pas pu bien se développer à terme.

À qui l'annoncer ?

La question de savoir à qui on le dit est étroitement liée au « quand ? » C'est clair qu'à moins que ton ventre ne devienne saillant en quelques semaines à peine (ce qui arrive parfois !), il n'y a pas d'urgence à en informer quiconque, ton employeur non plus. Et si tata Jacotte a une fâcheuse tendance à étaler sa science dès que quelqu'un attend un bébé, vous ne serez peut-être pas hyper motivés à lui révéler votre secret trop vite. Je pense que, finalement, le mieux est d'annoncer sa grossesse en premier à ceux sur qui on peut compter, ceux à qui on peut faire confiance en toutes circonstances, ceux qui n'ont pas le jugement facile et qui sauront se réjouir avec vous.

Comme je l'évoquais juste avant, il me semble aussi indispensable de pouvoir partager cette nouvelle avec des proches qui, s'il se passait quelque chose, seraient là pour nous soutenir.

La perte d'un bébé est un événement tragique qui concerne beaucoup de couples, qu'elle survienne au tout début ou plus tard dans la grossesse. Dans ces circonstances, même si la maman est la première concernée, le papa n'est pas épargné. Compter uniquement sur lui pour se remettre d'une telle perte, c'est prendre le risque de le laisser sombrer de son côté.

Avec le recul et les années, je me dis que, si ça nous était arrivé, j'aurais aimé que quelques-uns de nos plus proches amis aient pu être informés de la nouvelle. Rien que pour pouvoir les voir rappliquer avec un film marrant, des sushis ou une boîte de chocolat. Rien que pour être là, ne pas nous laisser seuls.

Voilà pourquoi, pour mes deux grossesses suivantes, on a choisi d'annoncer la nouvelle à ces copains sur qui on a toujours pu compter. En bref, on a choisi d'annoncer la nouvelle progressivement : des plus aux moins intimes.

L'ANNONCE à notre grand (5 ANS)

« Eh, bonhomme, viens voir. Tu sais quoi ? Maman a un bébé dans son bidon ! » Il esquisse un large sourire, puis affiche soudain une expression très perplexe avant de me dire : « Mais maman ? Le bébé, tu l'as mis dans ta bouche ? ! »

L'annoncer aux aînés

Si la question ne se pose pas quand on attend son premier bébé, elle se posera en revanche très vite quand on a déjà un ou plusieurs enfants. Une fois encore, bien entendu, c'est à vous, les parents, de choisir le moment qui vous paraît le plus adapté pour annoncer la nouvelle grossesse, en tenant compte de leur âge et de leur personnalité. En ce qui nous concerne, on avait annoncé très tôt à notre aîné qu'il aurait un petit frère ou une petite sœur. Il avait alors un an et demi. On n'a pas vraiment réfléchi, on était trop heureux et on avait envie de partager notre joie avec lui, même si, si jeune, je ne pense pas qu'il ait véritablement compris ce qui l'attendait avant de pouvoir sentir le bébé dans mon ventre plusieurs mois plus tard.

Pour cette troisième grossesse, nous avons également décidé d'informer nos deux aînés très vite. Pas exactement pour les mêmes raisons, pas seulement par enthousiasme, mais plutôt parce qu'ils sont très perspicaces, qu'ils ont toujours décrypté nos humeurs avec justesse et que, si j'avais perdu ce bébé, ne pouvant cacher notre chagrin, nous aurions pris le risque de les inquiéter malgré tout. Qui plus est, ils connaissaient notre souhait d'agrandir la famille et on tenait à ce qu'ils partagent ça avec nous, que ça se passe bien ou moins bien. Nous travaillons tous deux à domicile et passons donc presque 100 % de notre temps avec nos enfants. Alors, en ce qui nous concerne, répondre un vague « Non, non, ne vous inquiétez pas, ça va », en affichant un sourire factice, on sait très bien que ça n'aurait servi à rien. Nous avons donc choisi de leur annoncer que j'étais enceinte quelques jours après l'avoir appris nous-mêmes, tout en étant conscients que, si tout ne se passait pas comme prévu, on serait amenés à le leur expliquer avec franchise et douceur.
Autre argument plus concret cette fois : quand j'ai su que j'étais enceinte, je me suis rendu compte que nos jeux avec les garçons, parfois un peu brusques, pouvaient peut-être devenir un poil dangereux (je te passe les détails, mais les coups de poing et de pied, quand on

L'ANNONCE à notre petit (2 ANS ET DEMI)

« Petit Cœur, tu vas avoir un petit frère ou une petite sœur, maman a un bébé dans son bidon ! » Il sourit, puis immédiatement prend un air fier et jaloux avant de toucher son ventre tout rond et de lancer à son tour : « Moi aussi, bébé dans mon bidon ! »

joue à la bagarre ou aux pirates, j'en prends parfois dans le ventre). Leur annoncer que maman avait désormais un bébé dans son ventre leur a très simplement permis de comprendre qu'il est important de faire attention quand on joue tous ensemble. Ce qu'ils ont réalisé tout de suite !

Je ne juge pas les parents qui choisissent de taire la nouvelle à leurs bambins dans l'idée de les préserver tant que le risque de fausse couche n'est pas écarté. C'est tout à fait légitime ! Tout dépend des couples et de la sensibilité des enfants, c'est une décision très personnelle qui ne sera d'ailleurs peut-être pas la même selon les grossesses ou selon les aînés. À vous de voir quel choix est le plus adapté à votre famille bien entendu.
En tout cas, pour nous, la réaction de nos enfants à l'annonce de ma troisième grossesse a été très inattendue et émouvante à la fois ! J'avoue regretter de ne pas avoir pensé à filmer ce moment, mais je profite de ce livre pour les noter ici et ne jamais les oublier.

Comment l'annoncer ?

Tout dépend de vous ! Là encore, il n'y a pas de règle et le mieux reste encore de faire comme vous en avez envie. Simple photo du test de grossesse positif envoyée par SMS, impression papier de la première échographie, la phrase « je suis enceinte » échangée autour d'une tasse de thé avec ta *best friend*, une carte, un coup de fil, un petit cadeau pour marquer de coup, à toi de voir si tu préfères jouer la carte de la simplicité ou faire les choses en grand pour surprendre tes proches. Évidemment, s'il s'agit de l'annoncer à un enfant, mieux vaut choisir des mots simples et un moment calme où son attention sera suffisante pour qu'il accueille l'information et que vous ayez le temps de lui donner des explications s'il en a besoin.

LES DÉMARCHES ADMINISTRATIVES pendant la grossesse

En France, tomber enceinte rime un peu avec devenir secrétaire... je caricature à peine. Pour vivre au Royaume-Uni depuis un moment, je peux te dire qu'il y a beaucoup moins de paperasse à gérer ici, mais avant de pester (je dis ça pour moi, car je déteste tout ce qui est administratif !), dis-toi que c'est aussi pour te permettre d'être bien suivie et d'avoir accès à un certain nombre d'avantages qu'on t'en demande autant. Petite récap' donc des démarches administratives qui vont jalonner ta grossesse (au moins, tu ne seras pas trop surprise !).

Au plus tôt après avoir appris ta grossesse

SOCIAL-SANTÉ

Inscris-toi au plus vite dans la maternité de ton choix et démarre ton suivi de grossesse avec un gynécologue-obstétricien et/ou une sage-femme. Si le feeling ne passe pas vraiment, surtout, n'hésite pas à changer de médecin ; même si, en France, la grossesse est très médicalisée, il s'agit également d'un moment important de ta vie et cette expérience ne doit pas être gâchée par un mauvais contact avec ton praticien.

Transmets ta déclaration de grossesse à ta caisse d'assurance maladie et à ta caisse d'allocations familiales (Caf) de façon à être remboursée à 100 % des examens et soins obligatoires pendant la grossesse.

Informe-toi assez rapidement au sujet de la prise en charge des dépenses de santé (pense bien à mettre à jour ta carte vitale et à te rapprocher de ta mutuelle pour les informer de la bonne nouvelle !).

Si tu es confrontée à des difficultés médicales, sociales et/ou financières, n'hésite pas à parler à ton médecin ou ta sage-femme des possibilités d'aide à domicile ; tu peux aussi aller voir une assistante sociale.

Informe-toi sur la prime à la naissance, tu y as droit même pour un premier enfant et ça pourra vous permettre d'acheter les premiers équipements pour bébé.

MOYENS DE GARDE

C'est sans doute le plus déstabilisant pour une femme qui vient d'apprendre qu'elle va être maman, mais si le papa et toi souhaitez que votre bébé soit gardé (pour reprendre le travail rapidement après la naissance, par exemple), il est temps d'entamer les démarches nécessaires pour son inscription en crèche ou pour rechercher une assistante maternelle agréée. Les places sont limitées et les délais d'attente parfois si longs qu'il n'est vraiment jamais trop tôt pour s'en occuper.

BON À savoir

Durant toute ta grossesse, que ton employeur en ait déjà connaissance ou pas encore, tu bénéficies d'une protection contre le licenciement.

Au cours du deuxième trimestre de ta grossesse

ÉTAT CIVIL

Si le papa et toi n'êtes pas mariés, le père peut reconnaître bébé pendant la grossesse (même s'il peut aussi le faire après la naissance).

S'il s'agit de votre tout premier enfant, à vous de réfléchir au nom de famille qu'il portera : nom de la mère, du père ou double nom – ce choix devra être indiqué au moment de la déclaration de naissance.

EMPLOI

Si ce n'est pas déjà fait, il est temps de déclarer ta grossesse à ton employeur ou, si tu es au chômage, à Pôle emploi.

Renseigne-toi sur les avantages prévus pour les femmes enceintes dans ton entreprise pour en bénéficier au plus tôt. Par exemple : une réduction des horaires de travail, des autorisations d'absence pour te rendre aux examens médicaux prévus par l'assurance maladie.

Demande à ton employeur un reclassement temporaire si ton travail est incompatible avec ta grossesse. Par exemple : si tu occupes un poste à risques, si ton état de santé le nécessite ou si tu travailles la nuit.

Réfléchis et informe ton employeur de la durée de ton congé de maternité.

Après la naissance

Le papa bénéficie d'un congé légal au minimum de 3 jours à l'occasion de la naissance, y compris s'il est agent public. À noter également que la personne qui vit en couple avec toi peut bénéficier de ce congé même si ce n'est pas le père de l'enfant.

À tout moment après la naissance, tu as droit :
- aux allocations familiales,
- à un crédit d'impôt pour frais de garde d'enfant hors du domicile,
- à un crédit d'impôt ou une réduction d'impôt pour la garde d'enfant à domicile,
- à une aide à la garde d'enfant de Pôle emploi si tu reprends un emploi ou entres en formation et élèves seule ton bébé,
- à la carte famille nombreuse si tu as au moins 3 enfants.

Par ailleurs, si ton enfant souffre d'une maladie ou d'un handicap, ou est victime d'un accident grave, tu peux bénéficier d'un congé de présence parentale. Peu importe que tu travailles dans le secteur privé ou public.

DANS LES 5 JOURS

En France, le prénom et le nom de l'enfant doivent être déclarés au service d'état civil de la ville de naissance dans les 5 jours suivant la naissance.

Informe les différents organismes qui gèrent diverses prestations te concernant (caisse d'allocations familiales, caisse d'assurance maladie, complémentaire santé).

BON À savoir

Si tu es salariée, tu peux demander à ton employeur d'allaiter (ou de tirer ton lait) pendant tes heures de travail (réduction d'une heure de travail par jour). C'est une organisation, mais de nombreuses mamans trouvent dans cette disposition le bonheur de pouvoir permettre à bébé de profiter de leur lait même si elles ont repris leur activité professionnelle.

Sources : site officiel du Service Public (https://www.service-public.fr/particuliers/vosdroits/F16225)

DANS LES 4 MOIS AU MAXIMUM

Le père de l'enfant ou la personne avec qui tu vis en couple peut demander un congé de paternité ou d'accueil de l'enfant (les modalités de la demande sont différentes dans le secteur privé et dans le secteur public).

DANS LES 6 MOIS AU MAXIMUM

S'il s'agit du troisième enfant, tu peux demander le déblocage anticipé de tout ou partie de ton épargne salariale (ou de celle de l'autre parent).

DANS L'ANNÉE

Il faut déclarer à l'administration fiscale ton changement de situation (généralement lors de la déclaration de revenu).

Prendre les bonnes PRÉCAUTIONS et les BONNES habitudes !

Le bien-être, c'est la clé d'une grossesse qui se passe bien. Et je vais jouer un peu les rabat-joie, mais comme souvent, ça commence par la santé et l'alimentation. Promis, ça passe aussi par le *fun* et les fous rires, on en reparle juste après. Simplement, il y a quelques petites choses super importantes à savoir et à respecter quand on est enceinte, de celles qui t'éviteront pas mal de stress et de désagréments.

Zéro alcool

Oui, oui, oui, je joue les mamans intransigeantes, mais parfois, il faut mettre un peu de discipline dans les troupes, non ? Et s'il y a bien un sujet épineux qui me tient à cœur, c'est celui-ci.

« Allez, un petit verre pour goûter, au moins, il est excellent !
- Non, papi, j'suis enceinte, zéro alcool, j'te dis.
- Pfff, tu ne sais pas ce que tu rates. »

Effectivement, cette fois-là, j'ai raté une bonne bouteille. Un Graves, 1983. Il ne devait pas être mauvais. Mon grand-père, grand amateur de (très bons) vins, en avait apporté une bouteille pour fêter nos retrouvailles – il venait de passer presque un an sur la mer, tout grand voyageur qu'il est. J'ai joué la nana hyper responsable, disciplinée. Je suis passée pour la relou, la moralisatrice, et tout, et tout... Sauf que **boire de l'alcool quand on est enceinte, même juste un peu, ce n'est pas anodin.** Et pourtant, j'aime boire un bon Morgon quand je dîne avec mon amoureux ou prendre une bière avec les copains quand il fait chaud. Mais j'aime mes enfants, bien plus encore. Je n'ai donc pas bu d'alcool pendant mes grossesses.

LE MOT DU papa

Boire ou grossir, il faut choisir (eh non, je ne fais pas toujours dans l'humour raffiné). Plus sérieusement, autant s'essayer au rôle de papa dès maintenant, en commençant par affronter les sollicitations un brin dangereuses de pépé, tata Jacotte et des copines éméchées de votre amoureuse. Je crois que l'humour est souvent le meilleur moyen de détourner la conversation quand les gens deviennent trop insistants. Dans le fond, peu importe la manière dont vous expliquerez ça à votre entourage, le principal reste de protéger votre petite famille.

Mais, au fait, pourquoi c'est si mauvais ?

L'alcool que boit une femme enceinte passe illico presto dans le sang du bébé *via* le placenta, qui ne le filtre pas. Ainsi, le taux d'alcool de la mère = le taux d'alcool dans le sang du fœtus, qu'il ait 3 semaines ou 8 mois. Les risques ? Fausse couche, accouchement prématuré, altération du développement pouvant entraîner malformations, retard mental ou physique, troubles du comportement… La liste n'est pas exhaustive et cela ne fait pas rêver. À noter aussi que, quel que soit le degré d'alcool, il n'y a pas de boisson alcoolisée moins dangereuse qu'une autre pour bébé.

LE MOT DU papa

Pour encourager ma « petite bonbonne » à siffler sa bouteille quotidienne, je lui écrivais un petit mot différent dessus tous les matins. C'était une façon de lui montrer que je me souciais d'elle sans la couver, tout en l'encourageant dans ses résolutions.

Boire beaucoup... d'eau !

Oui, l'alcool est à bannir, mais de l'eau, il va en falloir, et pas qu'un peu ! Sans eau, pas de vie (c'est bien pour ça que les chercheurs inspectent l'Univers à sa recherche). L'eau est essentielle, elle permet de transporter les nutriments, les vitamines et les minéraux indispensables à la femme enceinte et au fœtus. Sans parler de la bonbonne qui se forme en toi dès les premières semaines et fera peut-être de toi une baleine : le liquide amniotique, cette joyeuse piscine privée dans laquelle trempe ton bébé.

Un adulte doit boire au moins 1,5 litre d'eau par jour, une femme enceinte davantage, surtout en cas de chaleur – si, à ce stade, tu te poses encore la question, laisse-moi te dire que, oui, tu vas passer ton temps au petit coin. La nature étant plutôt bien faite, il y a des chances que tu aies plus soif naturellement. Si, comme moi, tu as du mal à boire assez en général, le bon plan sera peut-être de remplir une bouteille de 2 litres tous les matins et de te fixer l'objectif de la boire dans la journée. Sinon, tu peux aussi mettre une petite alarme pour penser à boire un verre d'eau toutes les heures.

Faire le plein d'oméga-3 et 6 !

Tu en as déjà entendu parler plus d'une fois de ces fameux « oméga », n'est-ce pas ? Ce sont des acides gras dits « essentiels » car ils doivent être apportés par l'alimentation. Il paraît qu'ils favorisent le bonheur et sont des antidépresseurs naturels : de plus en plus d'études suggèrent en effet que les oméga-3 seraient bénéfiques pour le moral. Le tant redouté « baby-blues », cette période de déprime postnatale, pourrait bien être causé dans certains cas par une carence en oméga-3 durant la grossesse. Alors, autant mettre toutes les chances de son côté pour l'éviter, d'autant que ces célèbres acides gras contribuent aussi à tout un tas de bonnes choses pour bébé.

Les aliments riches en ces acides gras participent au développement du système nerveux de bébé dès la 3e semaine de la grossesse : la production de dizaines de milliards de cellules est lancée et durera plusieurs mois. Ils contribuent à la formation des neurones et au transport du glucose dans le cerveau de bébé en construction ; à la naissance, il sera tout de même constitué à 60 % de lipides.

En résumé, ces acides gras sont bons pour la santé. On les trouve essentiellement dans les poissons gras (saumon, sardine, maquereau ou hareng), dans certaines huiles végétales (lin, colza, noix, tournesol, pépins de raisin) et dans les fruits à coque (graines de tournesol, sésame, noix, amandes, pignons). De quoi préparer de bons repas et agrémenter les salades !

Manger pour deux, t'es sûre ?

Avant de tomber enceinte, tu rêvais de manger du beurre de cacahuète à la petite cuillère, de te jeter sur un cheeseburger dès que l'envie t'en prenait, ou de te laisser aller à engloutir toute la plaquette de Milka devant le 32e épisode de *Friends*, le tout sous prétexte que, de toute manière, tu vas grossir.

Navrée de briser tes illusions, mais cette histoire de manger pour deux, c'est du pipeau. Si les envies de femme enceinte sont bien réelles et peuvent même parfois traduire un véritable besoin de l'organisme (pour ma part, je me jetais sur les abricots lors de ma première grossesse), il n'est pas moins vrai que la grossesse reste une période où il vaut mieux maîtriser son alimentation. Les aliments gras et les repas copieux favorisant les nausées, de toute manière, mieux vaut ne pas en faire tes *best friends*. Et puis, si tu prends un peu plus de poids que ce que ton gynéco juge nécessaire, tu risques de passer le fameux test du glucose et, crois-moi, après ça, tu feras gaffe à ton assiette (je vais éviter de te faire regretter tout de suite d'être enceinte, on va s'arrêter là, mais si tu veux en savoir plus sur ce test, demande à Google).

Le mieux ? Fractionner tes repas en petites portions pour éviter d'alourdir l'estomac (et donc d'avoir des nausées). Manger sain et bio si possible, en pensant à bien laver et éplucher les légumes, surtout si tu n'es pas immunisée contre la toxoplasmose. Et se faire plaisir quand même, évidemment !

Et les kilos, dans tout ça ?

Le poids de bébé dépend plus de ta corpulence avant la grossesse que de ta prise de poids pendant la grossesse. Les obstétriciens qui m'ont suivie pendant mes deux premières grossesses m'ont dit que, bien souvent, le bébé fait un poids similaire à celui de sa maman à la naissance. Donc, si tu pesais dans les 5 kg, mieux vaut en parler à ton gynéco ou à la sage-femme qui te suit. Cela dit, évite de te fixer un poids à atteindre ou à ne pas dépasser. On est toutes faites différemment ! Une de mes amies, ultrafine et menue de nature, a pris plus de 25 kg au cours de chacune de ses grossesses – sans aucun diabète gestationnel –, qu'elle a reperdus en quelques semaines à peine. D'autres ne prendront que 6 ou 7 kg, surtout si elles ont des nausées et vomissements, voire une hyperémèse gravidique (tu sais, cette maladie rendue célèbre par Kate Middleton).

Bref, inutile de faire des plans sur la comète, tu verras en temps et en heure combien ton corps a besoin de prendre pour fabriquer ce « mini-vous ». Tant que tu ne te rues pas tous les soirs sur le sachet de croûtons à l'ail ou le pot de Nutella, et que tu n'oublies pas les légumes, ça devrait aller.

Continuer de bouger

Si, de base, tu n'es pas une grande sportive (comme moi !), pas de panique. Pas besoin d'être une marathonienne ni une fervente habituée de la salle de musculation pour te dépenser un peu. Parce que non, la grossesse ne t'empêche pas de te dépenser, sauf avis contraire de ton médecin.

Pour éviter de prendre trop de poids, mais aussi de souffrir d'un peu partout à cause de ce ventre qui ne cessera de prendre de l'ampleur, l'idéal reste de bouger un petit peu chaque jour. Promener le chien, aller chercher le pain à pied, prendre les escaliers ou bien, pour les plus motivées, aller à la piscine permet de varier les activités et les plaisirs.

Pour ma part, ayant de gros soucis au niveau des cervicales (4 hernies discales, sympa !), j'ai choisi d'investir dans un vélo elliptique – le top en cas de grossesse, selon mon kiné, puisqu'il permet de travailler toutes les zones du corps en douceur et sans à-coup.

Pourquoi j'adore ? Parce que je n'ai pas besoin de sortir de chez moi et que je peux faire un peu de sport tous les jours, sans prise de tête, en regardant une série ou des vidéos sur YouTube. Le bonus ? En fait, il y en a deux : non seulement c'est accessible à n'importe quel moment de la journée (pratique pour celles qui ont déjà un ou plusieurs enfants et qui ne peuvent pas forcément sortir), mais aussi, une fois la séance terminée, tu peux filer direct prendre une douche, voire un bon bain.

DORMIR assez

Ah ! Enfin un truc vraiment cool : pioncer ! Toutes les grossesses sont différentes, mais elles ont un point commun : ça met à plat. Pour certaines, le plus dur sera le premier trimestre, pour d'autres, le troisième. Mais à un moment ou à un autre, fais-moi confiance, ton lit et ton canapé deviendront tes meilleurs amis. Quand j'attendais mon premier enfant, j'ai eu la chance de ne plus travailler. Heureusement, vu que je réussissais à dormir jusqu'à… 16 heures par jour. Non, non, tu ne rêves pas, c'est bien possible. En gros, je m'écroulais tous les soirs vers 21 h, me réveillais à 7 h juste pour petit-déjeuner avec mon mari, me recouchais vers 9 h parce que je ne tenais plus debout, me réveillais le midi pour déjeuner, faisais 3 bonnes heures de sieste chaque après-midi. Je passais littéralement mes journées à manger et à dormir, et ça a duré comme ça pendant les 3 premiers mois. Je ne pouvais pas faire autrement, c'était plus fort que moi. Je m'endormais au bout de 5 minutes de trajet en voiture, je piquais du nez dès qu'on commençait un film et même quand j'attendais plus d'un quart d'heure chez le médecin. Une vraie marmotte. Heureusement que cela n'a pas été le cas pour mes deux autres grossesses, j'aurais eu bien du mal à assurer avec mes aînés.

Alors, tu es sans doute déjà en train de te dire que, si tu travailles, tu ne pourras pas te payer ce luxe. Et c'est là que ton médecin intervient. Tu sais, ce généraliste bienveillant qui fait partie des rares personnes au courant de ta grossesse, vu que tu attends sans doute d'avoir passé le premier trimestre pour l'annoncer à tout le monde ? Énormément de femmes enceintes se retrouvent en arrêt maladie chaque année parce qu'elles sont touchées par de trop fortes nausées – tout comme d'autres sont arrêtées parce que leurs règles sont insupportables. Il n'y a pas de honte, c'est naturel et on ne peut plus justifié. D'autres passeront les 4 derniers mois alitées parce qu'elles seront sujettes à des contractions précoces. Eh bien, figure-toi que tu peux tout aussi bien être mise en arrêt maladie si tu es assommée par la fatigue et un besoin irrépressible de dormir. N'hésite donc pas à parler de ce symptôme à ton médecin si ça t'empêche d'être alerte.

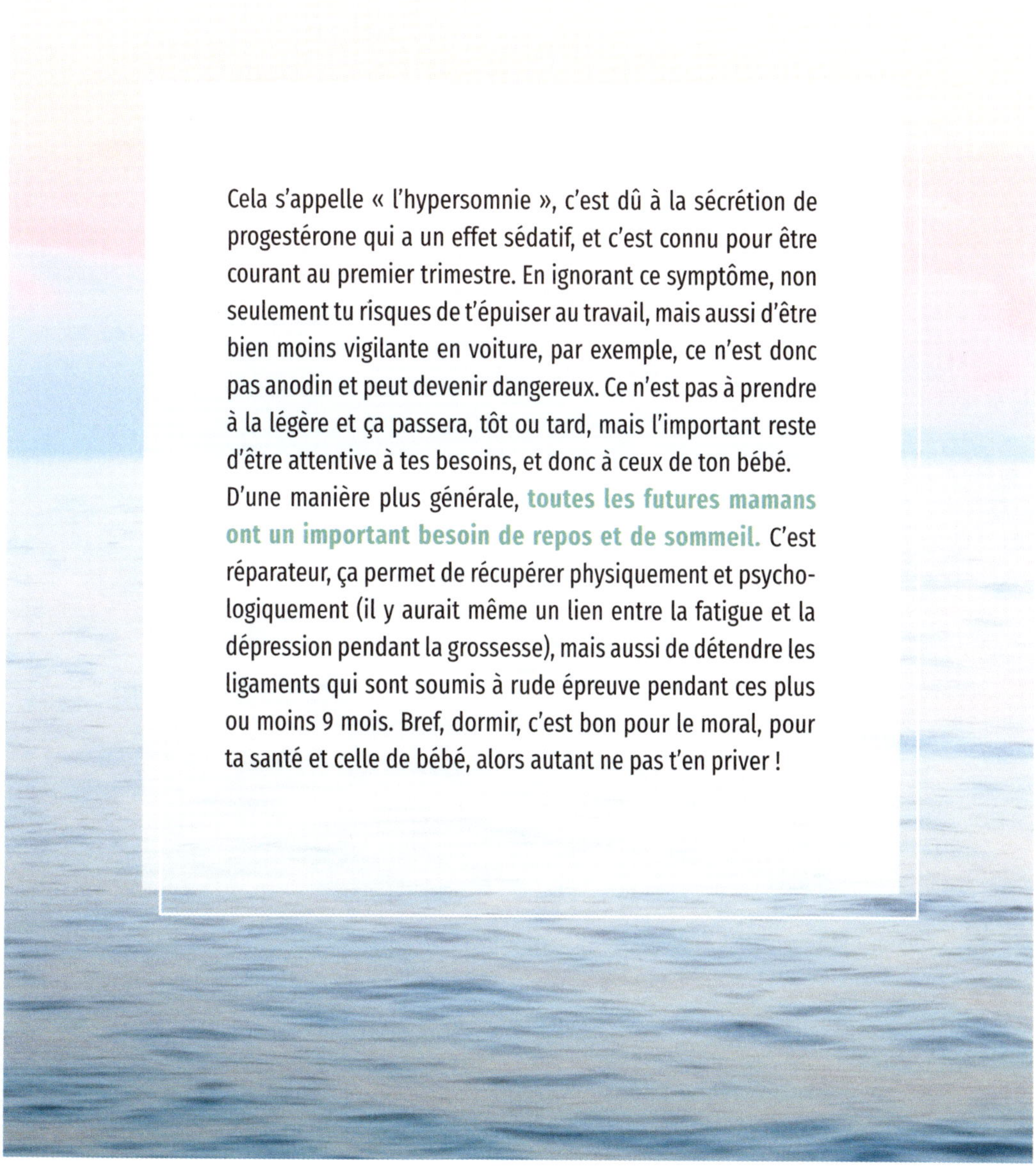

Cela s'appelle « l'hypersomnie », c'est dû à la sécrétion de progestérone qui a un effet sédatif, et c'est connu pour être courant au premier trimestre. En ignorant ce symptôme, non seulement tu risques de t'épuiser au travail, mais aussi d'être bien moins vigilante en voiture, par exemple, ce n'est donc pas anodin et peut devenir dangereux. Ce n'est pas à prendre à la légère et ça passera, tôt ou tard, mais l'important reste d'être attentive à tes besoins, et donc à ceux de ton bébé.

D'une manière plus générale, **toutes les futures mamans ont un important besoin de repos et de sommeil.** C'est réparateur, ça permet de récupérer physiquement et psychologiquement (il y aurait même un lien entre la fatigue et la dépression pendant la grossesse), mais aussi de détendre les ligaments qui sont soumis à rude épreuve pendant ces plus ou moins 9 mois. Bref, dormir, c'est bon pour le moral, pour ta santé et celle de bébé, alors autant ne pas t'en priver !

BON À savoir

Sois très attentive aux compositions des produits que tu utilises ou consommes au quotidien, en particulier les huiles essentielles. Même si l'aromathérapie est naturelle et souvent efficace contre certains désagréments courants, il est conseillé de les proscrire au moins les 3 premiers mois de la grossesse. Qu'on les utilise sur la peau, en inhalations ou dans certaines préparations, elles risquent de passer à travers le placenta et représentent un danger pour le fœtus, pouvant même être à l'origine d'avortements spontanés. Autant ne pas jouer les petites chimistes à la maison et préférer, comme toujours, demander l'avis d'un professionnel sur le sujet ; ton gynéco, ta sage-femme ou même ton généraliste seront les plus à même de te renseigner sur les précautions à prendre.

Privilégier LE BIO

Je ne prétends pas ne consommer que du bio, mais à la maison, c'est ce qu'on s'efforce de faire, dans la mesure du possible et du raisonnable. Outre les aspects écologiques, il va sans dire que les produits naturels sont mille fois plus *safe* pour toi et pour bébé, sauf pathologie particulière. On a déjà parlé de l'alimentation, mais le bio, tu peux aussi l'inclure dans ta routine beauté.

Tu le sais sans doute, les colorations classiques utilisées dans les salons de coiffure ou que tu achètes en grandes surfaces contiennent parfois de l'ammoniaque et, pour la plupart, des composants chimiques potentiellement dangereux pour bébé. En effet, une fois sur le cuir chevelu, ça passe par la peau, et donc dans le sang qui circule non-stop entre bébé et toi. Si, comme moi, tu as les cheveux colorés et que tu ne tiens pas à te retrouver avec 9 cm de racines le jour de la naissance, la solution, ce sont les colorations végétales. De plus en plus faciles d'accès (les salons de coiffure bio se démocratisent, et tu peux même trouver ce type de préparation en kit sur le net et faire ta couleur à la maison), ces mélanges de plantes et de produits naturels te permettront d'entretenir ta chevelure pendant la grossesse sans risque pour bébé – tant que tu te renseignes et vérifies bien qu'il s'agit d'ingrédients 100 % naturels bien entendu.

Idem côté cosmétiques : l'idéal quand on attend un bébé (et même quand ce n'est pas le cas en fait), c'est de choisir des crèmes, shampoings et autres soins labellisés bio ou certifiés 100 % naturels. Non seulement c'est bien mieux pour ta peau, qui appréciera assurément de ne plus être polluée par les sulfates, silicones, phtalates et autres produits toxiques, mais le bonus, c'est que bébé qui, on l'a dit, absorbe une partie de ce que tu te tartines sur la peau, ne risquera pas d'en consommer à ses dépens. Tout bénef. En plus, ils sont devenus faciles à trouver et pas forcément plus chers que les autres.

SE MÉNAGER !

Je ne sais pas si tu es comme moi, mais je suis ce genre de nana incapable de véritablement se poser, qui doit toujours avoir un projet en cours et un autre auquel penser. Je dois être une phobique de l'ennui. Quand j'ai fini de bosser, il faut que je fasse du ménage. Quand j'ai fini le ménage, il faut que je me mette en cuisine. Quand j'ai fini en cuisine, il faut que j'aille faire une course. Lancer une lessive. Répondre à mes mails. Prendre des photos pour mon blog. Aller chercher le petit à l'école. Prendre des notes pour mes livres. Sortir le chien. Organiser mon prochain voyage. Et ainsi de suite. Sauf que, pendant la grossesse, l'énergie, ça s'économise, justement parce que ça s'épuise vite.

On s'écoute, on se repose

Il n'y a pas de secret : si on veut avoir de l'énergie et la possibilité de continuer à faire les choses qu'on aime, il faut commencer par s'écouter et savoir s'arrêter quand on en ressent le besoin. Tu es en train de plier ta lessive et, tout à coup, tu sens que ça tire dans le bas du ventre ? Même si tu n'en es qu'au tiers de ta pile de linge, fais une pause. Mieux vaut prendre un moment pour te reposer quand ça tiraille plutôt que de finir par passer quelques semaines alitée parce que tu auras un peu trop tiré sur la corde – et je te parle par expérience.

J'ai, pour ma part, passé les 4 derniers mois de ma deuxième grossesse clouée au lit, pas parce que je n'avais pas envie de bouger, mais parce que j'avais tellement forcé que, dès que je posais un pied par terre, je me retrouvais avec des contractions qui agissaient sur mon col à un état beaucoup trop précoce de ma grossesse. J'avais déjà un enfant dont je devais m'occuper, je n'avais pas envie de prendre du retard dans mon travail ni de trop surcharger mon mari. Résultat ? À chercher à tout faire comme d'habitude, ma sage-femme m'a laissé le choix entre un alitement strict à la maison ou une hospitalisation à durée indéterminée – c'est-à-dire sans mon mari ni mon grand avec moi. J'ai bien sûr préféré rester chez moi, mais au final, j'ai dû faire une pause côté boulot et laisser mon mari gérer le petit et la maison, ce qui ne m'enchantait pas vraiment, puisque, au final, je ne pouvais plus rien faire du tout et que je me suis ennuyée comme jamais. Eh non, je ne suis pas un modèle de sagesse ! En revanche, si ma petite expérience peut te donner une bonne raison de t'écouter et de freiner un peu quand tu sens que ton corps ne suit plus tellement, ce sera déjà ça de gagné.

Prendre le temps de se DÉTENDRE est INDISPENSABLE.

Limiter les trajets en voiture

Même si, sur le principe, être sur le siège passager revient à « ne rien faire », le simple fait d'être en voiture peut être fatigant et les secousses provoquer des contractions. Qui plus est, les jambes sont immobiles, ce qui n'est pas recommandé pendant la grossesse puisque la circulation sanguine devient paresseuse, d'où l'importance de privilégier les courts trajets et de faire des pauses pour se dégourdir les jambes le plus souvent possible.

Si tu prévois de faire un long voyage, parles-en d'abord à ton médecin ou à la sage-femme qui te suit, mais il est déconseillé de passer plus de 3 heures sur la route par jour. Le moyen de transport le plus doux reste sans conteste le train !

On prend du temps pour soi

Fais-tu partie de ces femmes qui, tandis qu'elles s'allongent pour faire une sieste ou pour prendre un bain, se mettent presque aussitôt à penser à la liste de choses à faire longue comme le bras ? Si c'est dans ta nature, pas sûre que la grossesse te change de ce côté-là. En revanche, ce qui est sûr, c'est que, tôt ou tard, tu ressentiras la fatigue. Pourquoi donc ne pas profiter de ce moment assez bref (9 mois sur une vie entière, c'est peu pour savourer quelques moments de détente, non ?) ? T'allonger quelques minutes pour sentir les muscles de ton ventre se détendre et bébé se mettre à jouer, profiter d'un bain bien chaud avec une musique douce pour faire le vide et te ressourcer… ce sont de petites choses, mais qui font un bien fou quand on est assommé de fatigue et par les petits tracas de la grossesse.

DÉLÉGUER

Que tu sois au début ou à la fin de ta grossesse, s'il y a bien un conseil que je tiens à te donner, c'est de ne pas hésiter à demander un coup de main. C'est évidemment plus facile une fois que l'heureuse nouvelle a été annoncée à ton entourage, mais dès les premières semaines, quelques précautions s'imposent et tu auras besoin de soutien, au moins du papa.

POUR LE MÉNAGE

Typiquement, il est fortement déconseillé de porter des charges un peu lourdes pour éviter de forcer sur les ligaments : pourquoi ne pas laisser le pack d'eau dans ton coffre et attendre que ton bien-aimé rentre et le remonte lui-même jusqu'à la maison ? Idem pour certaines tâches ménagères ; tu constateras assez vite par toi-même que des gestes du quotidien tels que passer l'aspirateur te demanderont tout à coup un gros effort – l'un des désagréments de la grossesse étant de se retrouver essoufflée au moindre effort, dès les premières marches que tu gravis par exemple.

D'ailleurs, tant qu'on parle ménage, méfie-toi de la plupart des détergents que tu utilisais au quotidien. Élimine définitivement ceux qui présentent les pictogrammes « toxique » ou « irritant » puisque même un petit contact avec la peau peut se révéler dangereux pour le fœtus ; rappelons-le, ce qui passe par la peau finit dans le sang, que tu partages avec bébé. Gare aussi aux vapeurs que certains dégagent et qui passent dans tes voies respiratoires ; c'est bébé qui risque de « respirer » ça à ses dépens.

L'idéal reste de remplacer ces produits par d'autres tels que le vinaigre blanc, le bicarbonate de soude ou encore le savon noir (ils sont moins dangereux, et en bonus, c'est bien meilleur pour notre petite planète). Cela dit, n'hésite donc pas à déléguer ou à demander un petit coup de main à ta maman/sœur/meilleure amie !

#ALACOOL

LE MOT DU papa

Prenez conscience que votre amoureuse doit déléguer, pour son bien et celui de votre enfant. Soyez proactif : n'attendez pas qu'elle le demande, au risque qu'elle ne le fasse jamais et se mette en danger. Plus d'une femme (dont la mienne) détestent se sentir limitées et auront une fâcheuse tendance à forcer même quand elles devraient ralentir le rythme... C'est le moment d'avoir l'esprit d'initiative !

BON À savoir

Si tu attends ton troisième bébé, pense à te rapprocher de la Caf puisque tu as droit à une prime de déménagement ! Elle est destinée aux familles qui doivent déménager à l'occasion de la naissance de leur troisième enfant ou plus. Un joli coup de pouce à ne pas louper.

POUR UN DÉMÉNAGEMENT

Même s'il vaut mieux choisir de déménager avant ou après une grossesse, force est de constater que bon nombre de futures mamans changeront de nid pendant. Déménager peut s'avérer risqué quand on est enceinte, il te faudra donc absolument éviter de porter des cartons ou d'autres objets lourds, tout comme les positions et gestes répétitifs qui pourraient entraîner des contractions prématurées de l'utérus ou un décollement du placenta. Se pencher et se relever à plusieurs reprises, par exemple pour faire ou déballer des cartons, peut vraiment devenir dangereux pour bébé, surtout si ta grossesse n'a pas dépassé 37 semaines (ce n'est en effet qu'après ce terme qu'on peut accoucher sans que l'enfant soit considéré comme prématuré).

Si ta petite famille et toi prévoyez de déménager avant que bébé ne puisse pointer le bout de son nez en toute sécurité, le plus raisonnable reste de déléguer (eh oui, encore !). L'idéal ? Faire appel à des déménageurs professionnels. Sauf que voilà, c'est un (gros) budget qui ne sera pas accessible à tous les foyers. Si c'est ton cas, fais appel à tous tes copains pour ce qui est d'emballer, porter, nettoyer, démonter, déballer, remonter... De ton côté, tu peux toujours t'occuper de la logistique, du tri, annoter les cartons et étiqueter les meubles en fonction de leur destination (salon, cuisine, chambre 1...).

POUR LA PAPERASSE

Si tu ne l'as pas déjà remarqué, tu découvriras bientôt les joies de la paperasse pendant la grossesse. Déclarations à la Caf, courriers à la sécurité sociale, à la maternité, à ton employeur, à celui du papa, rendez-vous de suivi médical... du courrier et des coups de fil à passer, tu n'en manqueras pas et ça peut vite prendre la tête quand ce n'est pas ton dada ou que tu passes déjà ta journée à faire ça au bureau. Avant de t'arracher les cheveux en te demandant pour la millième fois pourquoi c'est si compliqué de faire savoir au monde que tu attends un bébé, entoure-toi de ton homme ou d'un proche qui comprend ce langage administratif (si, si, ça existe, pour te donner un exemple ma propre belle-sœur est comptable « par vocation »). À deux, ce casse-tête est souvent moins complexe et tu perdras sans doute moins vite patience si tu n'as pas à gérer ça toute seule.

LÂCHER prise

Comme je l'évoquais plus tôt, je suis de nature à vouloir toujours tout faire moi-même. Je suis perfectionniste, j'aime que les choses soient faites comme je l'entends et l'imagine, j'aime planifier, j'ai du mal à m'arrêter et à déléguer... bref, je ne suis pas vraiment le genre de nana à lâcher prise en règle générale. Sauf qu'une fois enceinte, qu'on soit maniaque de l'organisation ou plutôt du genre à vivre au jour le jour, on se retrouve vite face à la même réalité : on ne peut plus tout maîtriser. Pire, parfois, notre quotidien, voire notre corps, part complètement en cacahuète. La grossesse marque un temps fort dans la vie d'une femme, celui des changements et parfois aussi des imprévus – c'est donc le temps du lâcher prise, de gré ou de force.

C'est le moment D'APPRENDRE À RELATIVISER !

Ne plus contrôler son corps

Autant ne pas passer par quatre chemins, si tu mènes une existence aux mécanismes bien huilés, que ton agenda est toujours tenu des semaines, voire des mois à l'avance, que l'on t'apprécie pour ta productivité au boulot et que ton panier à linge ne déborde jamais... tu vas découvrir le « côté obscur » de la grossesse. Être enceinte, d'une certaine manière, c'est un peu se transformer en couveuse ambulante : l'unique but de ton corps n'est plus de te permettre de vaquer à tes projets et occupations, mais bien de fabriquer un être humain.

En tout début de grossesse déjà, tu risques de ressentir une fatigue inattendue, de souffrir de nausées et vomissements qui te feront sans doute passer plus de temps à genoux devant la cuvette des toilettes que devant Netflix. Ensuite, tu auras beaucoup moins de souffle, ton rythme cardiaque va s'accélérer dès que tu feras un effort, et tu te retrouveras à souffler comme un bœuf au moindre étage de monté. Et puis, quand bébé sera assez costaud pour faire ses entraînements de kick-boxing dans ton ventre, tu auras probablement droit aux coups de pied dans la vessie – ceux qui te feront te précipiter au petit coin à la vitesse de l'éclair sous peine de « fuite » alors que, dix secondes plus tôt, tu n'avais pas du tout envie de faire pipi.

Sans parler de la sensation moyennement glamour d'être aussi grosse qu'une baleine au troisième trimestre. Alors, bien sûr, je caricature, et ne t'en fais pas, toutes les futures mamans ne sont pas victimes de ces petits et gros désagréments. Cela dit, je te mentirais en te disant que tu ne risques pas d'en développer un ou plusieurs.

C'est un fait, quand on est enceinte, notre corps se transforme et on a l'impression qu'il ne nous appartient plus tout à fait, il ne réagit plus forcément aussi bien aux mêmes sollicitations, il devient parfois capricieux ou épuise vite ses forces, et ça peut devenir franchement frustrant. Pendant ces 9 mois (et sans doute un peu après aussi), tu te sentiras probablement diminuée, tu auras un peu moins la pêche que d'ordinaire. Tu devras peut-être ralentir le rythme, alléger ton emploi du temps, raccourcir tes séances de sport et allonger ton temps de sommeil. Il te faudra lâcher prise certes, mais pas de panique : tout ça est provisoire et rassure-toi, au plus long, ça ne durera que 9 mois. C'est le moment d'apprendre à relativiser !

ÇA PERMET *de se recentrer* AUTOUR *de sa féminité...*

Ne plus contrôler son reflet

Certaines femmes ressentiront une plénitude, voire une totale confiance en elles pendant la grossesse, d'autres se sentiront « grosses et moches ». Pendant la grossesse, notre corps change, parfois beaucoup, parfois trop à notre goût, c'est inévitable (enfin, sauf déni de grossesse, mais si tu es en train de lire ces lignes, tu n'es probablement pas dans cette situation). Il arrive qu'on adore ces nouvelles courbes, et puis, d'autres fois, on ne se reconnaît plus, on déteste ce nouveau reflet quand on se regarde dans le miroir, à croire que l'on a troqué notre corps pour celui d'une autre, d'une étrangère. Notre regard sur nous-mêmes pourra varier pendant la grossesse et même pendant la journée. Quel que soit ton cas, je pense qu'il est indispensable de continuer (ou de commencer) à prendre soin de soi quand on attend un bébé. Pour moi, c'est le meilleur moyen de ne pas déprimer, ça permet d'accepter ces changements petit à petit avec le sourire et sans se mettre la pression. Ce n'est pas parce qu'on devient un incubateur à bébé du jour au lendemain qu'on doit sacrifier ses préférences, sa féminité et ses petits plaisirs. Pourquoi ne pas profiter d'un après-midi entre copines pour aller chez le coiffeur ? Ça change les idées, on ressort souvent toute fraîche, on se sent de nouveau jolie et mieux dans sa peau. Ou bien, pourquoi ne pas réserver une table dans un restaurant un peu chic et prendre une heure ou deux pour se pomponner avant de sortir en amoureux ? Ça permet de se recentrer autour de sa féminité, de renouer avec son pouvoir de séduction.

Autre détail et pas des moindres : trouver des fringues dans lesquelles on se sent vraiment bien et à l'aise. Sur une vie, 9 mois, c'est rien du tout, mais quand on est précisément en train de vivre sa grossesse, c'est long. Et 9 mois à se sentir mal dans sa peau, ce n'est pas bon pour le moral. Alors autant trouver quelques astuces pour se faire belle avec ces nouvelles formes. Si certaines, comme moi, étaient déjà adeptes des t-shirts et sweats loose avant la grossesse, quelques jeans de maternité shoppés pour trois fois rien chez H&M devraient suffire. Mais parfois, face à une silhouette qui a tellement changé qu'on

ne sait plus très bien si c'est la nôtre, une vraie séance shopping s'impose. As-tu une copine pour qui la mode est une véritable religion ? Le genre d'amie qui sait toujours ce qui te met en valeur, quand tu restes perplexe devant les portants dans les magasins ?
Allez, zou, organisez-vous une demi-journée ensemble, trouve des vêtements dans lesquels tu te sens à l'aise ET belle. Quel que soit ton look, une fois que tu as trouvé quelques basiques dans le rayon maternité (leggings, jeans et jupes pourvus de bandeaux hyper confortables), pour le reste, c'est inutile de te cantonner à la catégorie spéciale « gros bidon ».

Opte pour des vêtements en tissus légers et fluides, peut-être rehaussés par une petite veste ou un joli gilet, par exemple. La mode quand on est enceinte, ce n'est pas si sorcier. Par contre, avoir de quoi s'habiller pour se sentir soi et bien dans ses baskets, c'est vraiment essentiel pour être heureuse et épanouie enceinte.

Dans l'ensemble, je pense qu'il est judicieux d'intégrer l'idée, dès le tout début de la grossesse, que ton corps va changer, mais que c'est aussi normal que naturel. Accepter cette idée, c'est un grand pas vers l'acceptation de ces changements, justement. Changements qui, au passage, ne seront pas forcément définitifs. Inutile de te mettre la rate au court-bouillon en pensant que tu ne retrouveras jamais ta silhouette : ce n'est (vraiment) pas une fatalité, et toutes les femmes ne sont pas égales de ce point de vue. Certes, ton corps va se modifier, évoluer en même temps que le petit être qui y « squattera » pendant plusieurs mois. Mais il existe plusieurs astuces pour retrouver un corps dans lequel on se sent bien après bébé (on en reparle plus loin), et devenir maman n'a jamais eu pour conséquence de devenir moche ni difforme. Je dirais même que c'est le contraire.

LE MOT DU papa

Notre rôle de papa débute dès les premiers mois de la grossesse et il implique de prendre soin de la maman, encore plus que d'ordinaire. Le premier trimestre, en particulier, nécessite quelques précautions indispensables. Il va falloir apprendre à lui rappeler, avec douceur, que ces situations qui l'accablent ne sont que provisoires et que c'est pour son bien à elle et au bébé qu'elle porte. Changez-lui les idées, emmenez-la au restaurant, proposez-lui un plateau-télé devant son film préféré. En bref : prouvez-lui qu'elle peut encore se faire plaisir !

Ne plus contrôler son travail

Autre hic, et pas des moindres quand on est un peu, beaucoup *control freak* : le travail. Si tu travailles et que tu es de nature indépendante, tu auras peut-être du mal à supporter l'idée d'être moins productive ou, pire, d'être arrêtée. La grossesse n'est pas une maladie, mais comme on vient de l'évoquer, elle va mettre ton organisme à rude épreuve, et il arrive bien souvent qu'une simple position assise au bureau entraîne un inconfort, voire des contractions ; ce qui conduira peut-être ton médecin à t'arrêter une ou plusieurs semaines.

Si, pour certaines, ce sera le soulagement, pour d'autres, ce sera leur petit monde qui s'écroule et le début d'une culpabilité couplée à un important sentiment d'échec. « Je suis nulle, j'ai même pas réussi à boucler ce dossier ! Comment va le prendre mon patron ? Que vont penser mes collègues ? Est-ce qu'ils vont réussir à réorganiser le travail alors que c'est moi qui chapeautais ce projet ? Est-ce que je ne risque pas de perdre ma place si je pars si tôt en congé maternité ? » Loin de moi l'idée de te dire que ces inquiétudes ne sont pas légitimes. Quand on attend un bébé, on pense aussi à l'avenir, on pense à son budget, et à son emploi, évidemment. Sauf que voilà, tu auras beau te poser mille questions, ça ne changera rien ; au contraire, tu pourrais même aggraver un peu ton cas en te laissant envahir par le stress (et le stress, quand on est enceinte, mieux vaut s'en tenir éloignée, puisqu'il peut induire de l'hypertension). Bref, se focaliser sur ce qu'on n'est plus à même d'accomplir au travail, ça n'a rien de bon et encore moins de productif.

Bien sûr, si tu es arrêtée en cours de grossesse pour raisons de santé (c'est-à-dire la tienne ou celle de bébé), tu vas peut-être bien broyer du noir et devenir chèvre à l'idée de tourner en rond chez toi. Comme je l'ai déjà évoqué, j'ai été alitée pendant tout le dernier trimestre de ma deuxième grossesse parce que j'avais trop de contractions et que je risquais d'accoucher prématurément. Par expérience, je confirme que ce n'est pas drôle, ni de laisser de côté son job quand il nous plaît, ni de laisser ses proches

s'occuper de son enfant, ni de confier à son homme les tâches ménagères et la préparation des repas. Ce qui peut devenir le plus frustrant, finalement, c'est de sentir son cerveau en ébullition et constater que son corps n'est pas capable de tenir le rythme.

Je ne peux pas dire que j'ai réussi à intégrer ça tout de suite, mais avec le temps, j'ai appris à recentrer mes priorités. Avec le temps et la patience de mon mari, j'ai pris l'habitude de me souvenir, dès que j'avais envie de péter les plombs à force de passer ma journée à l'horizontale, que je n'étais pas « coincée » sans raison. Que cet immobilisme n'était que temporaire et que son objectif principal était de mener à terme ma grossesse pour donner naissance à un bébé en bonne santé. Qu'est-ce qui pouvait avoir plus d'importance que ça ? Ce genre de question est indispensable pour comprendre à quel point il est essentiel de faire passer sa conscience de maman avant sa conscience professionnelle. Là encore, lâcher prise, relativiser, c'est la clé.

Ne pas contrôler ses émotions

Bon, tu ne contrôleras peut-être pas non plus ta vessie, mais on va éviter de te faire une déprime tout de suite. Plus sérieusement, il est vrai que, lorsqu'on attend un bébé, on peut être sujette à l'hyperémotivité, et que ce n'est pas toujours drôle à vivre.
Pendant la grossesse, ton corps va se mettre à produire plusieurs hormones simultanément, parfois en très grande quantité (c'est que tu as quand même un petit humain à fabriquer, c'est une véritable usine qui se met en marche dans ton bidon !). Et cette variation du taux d'hormones peut avoir une incidence sur tes humeurs. À tel point que toi-même, parfois, tu ne sauras plus sur quel pied danser tant tes émotions deviennent changeantes et variées.

Le mot du papa

En toutes circonstances, nous, les papas, devons être à l'écoute de notre compagne. Le truc ? L'aider à dédramatiser sans pour autant sous-estimer son mal-être et l'accompagner pour trouver de quoi la rassurer concrètement – un « ça va aller » ne suffit pas toujours. À toujours trop relativiser, elle risque de perdre confiance en votre discernement, autant donc s'intéresser de près à ce qui la tracasse.

Petit tour d'horizon des hormones de la grossesse

- Les œstrogènes : ils auraient un effet excitant.
- La prolactine (hormone dite « de l'allaitement ») : elle serait relaxante.
- La progestérone : elle aurait un effet sédatif.
- Le cortisol (hormone du stress) : il rendrait irritable et hypersensible.
- La dopamine : elle déclencherait des sensations de plaisir.

Alors bien sûr, c'est très résumé tout ça, mais ça te donne une idée du bazar dans ton cerveau, et donc... dans tes émotions. Passer du rire aux larmes quand on est enceinte n'est donc pas un mythe ! Parfois, ce peut être assez amusant, voire exaltant de tout vivre avec plus d'intensité. D'autres fois, tu broieras du noir et tu te retrouveras avec le moral dans les chaussettes. C'est comme si toutes tes émotions étaient soudain décuplées, les positives autant que les négatives.

Sans compter que, lorsqu'on attend un enfant (et plus encore lorsqu'il s'agit du tout premier), on est submergé de doutes et d'inquiétudes. Pour ma part, pendant mes grossesses, je n'ai jamais vraiment été certaine que tout allait bien. Je ne sais pas très bien comment l'expliquer, mais quand j'allais me coucher, je ne pouvais pas m'empêcher de me demander si quelque chose n'était pas en train de se produire, si bébé avait tout ce dont il avait besoin ou, pire, s'il n'avait pas une maladie ou une malformation qu'on n'aurait pas repéré à l'échographie. Ce n'était pas vraiment justifié, mais quoi de plus normal, quand on est ou qu'on devient maman, que de s'inquiéter de la santé de son bébé ?

Pendant ces 9 mois, tu auras probablement des peurs, voire des angoisses : par exemple, celle de faire une fausse couche ou que la grossesse ne se passe pas comme prévu (surtout si tu as déjà vécu une mauvaise expérience)... Bien sûr, que ce soit ton premier enfant ou pas, tu penseras souvent à l'accouchement, qui reste un moment crucial qu'on ne peut jamais vraiment prévoir à l'avance. À cela s'ajoutera certainement le doute quant à savoir si tu vas assurer en tant que maman.

La grossesse est une période de grands changements physiologiques et psychologiques. À chaque grossesse, c'est notre vie qui est bouleversée et, parfois, ce n'est pas évident à gérer. Si tu te sens perdue ou trop angoissée, n'hésite pas à en parler au papa, après tout, c'est l'un de ses rôles principaux que de prendre soin de toi. Et si vraiment tu te sens lentement mais sûrement glisser vers une crise de déprime ou d'anxiété, n'hésite pas à en parler avec ta sage-femme ou un médecin de confiance. Il n'y a pas de mal à exprimer son mal-être et à demander le soutien des professionnels de la santé. Ils te rassureront, peut-être avec les cours de préparation à la naissance ou l'haptonomie, qui aident à se sentir plus en phase avec soi et avec son bébé.

On n'a pas toujours LA GROSSESSE QU'ON imaginait...

Ne pas contrôler sa grossesse

Finalement, s'il y a bien un moment dans ta vie où il est important de lâcher prise, c'est bien durant la grossesse (et même durant l'accouchement). Avant d'être enceinte, tu t'es probablement imaginée à plusieurs reprises ce moment, tu l'as sans doute idéalisé. Tu te voyais peut-être garder ton rythme de vie et tes habitudes, ne pas avoir à quitter ton job avant la date officielle de ton congé de maternité, arborer un joli ventre rond sans rien d'autre en supplément et le teint éclatant légendaire des femmes enceintes.

Il se pourrait pourtant que tu sois victime de nausées, bien handicapantes au quotidien, tu devras peut-être arrêter ton activité sportive sur ordre du gynéco, tu prendras peut-être aussi des fesses et des cuisses en même temps que du ventre et ton teint prendra peut-être les couleurs peu enviées du masque de grossesse...

On n'a pas toujours la grossesse qu'on imaginait, et renoncer à l'image parfaite qu'on s'en était faite peut mettre un sérieux coup au moral. Une fois de plus, apprendre à lâcher prise en se concentrant sur tout ce qui nous fait plaisir plutôt que sur nos petites et grandes déceptions, c'est la meilleure chose à faire.

Soulager les MAUX de la grossesse

Bien vivre sa grossesse, ça implique parfois de trouver les bonnes astuces pour que les petits ou gros désagréments qui surviennent ne finissent pas par te gâcher ton plaisir de devenir maman.
Voilà quelques « Tips & Tricks » qui pourraient bien te sauver la mise si l'un ou l'autre de ces maux t'embête au quotidien.

Nausées et vomissements

Les nausées, c'est sans hésitation le *number one* des maux de la grossesse tant il est répandu. Je n'en ai pas eu lors de ma première grossesse (bien que j'aie été très souvent écœurée par certains aliments ou odeurs), mais au début de la deuxième, j'en avais tous les soirs sans exception (preuve d'ailleurs, que ça n'arrive pas forcément que le matin) et ça me coupait littéralement l'appétit. Et pour cette troisième grossesse, ça a été pire encore, j'en ai eu jusqu'au 4e mois inclus, et accompagnées de vomissements – alors que c'est encore un petit garçon que j'attends (comme quoi il vaut mieux ne pas se fier aux théories de grands-mères).

Le truc qui a marché de façon radicale dans mon cas : le gingembre ! Mariné, confit ou en biscuit, c'est une des rares solutions qui s'est avérée efficace. Dès que j'avais un haut-le-cœur, j'en mangeais un peu et la nausée passait instantanément. Si tu ne supportes pas le goût du gingembre, tente le verre d'eau agrémenté de jus de citron et d'un peu de miel avant le repas ou encore le thé vert à la menthe. On conseille souvent aussi aux futures mamans de fractionner leurs repas en plusieurs en-cas tout au long de la journée, pour permettre à l'estomac de rester « léger ».

BON À savoir

Gare à l'hyperémèse gravidique ! Cette maladie de la grossesse rendue célèbre par Kate Middleton est à différencier des nausées et vomissements « classiques ». Si les nausées et vomissements sont tels que tu peines à t'alimenter, voire que tu perds du poids, direction le cabinet du médecin ! Ce n'est pas à prendre à la légère, il s'agit d'une véritable pathologie qui nécessite un suivi assidu, voire une hospitalisation : ta santé et celle de bébé en dépendent.

Douleurs dans les seins

Ce sera peut-être ton premier vrai symptôme de grossesse (perso, c'est comme ça que j'ai deviné que j'étais enceinte), et même si c'est rarement douloureux au sens littéral, la sensibilité des seins ou des mamelons peut être un peu gênante. Le meilleur remède : le chaud ! Bouillotte ou douche bien chaude, rien de tel pour relâcher un peu la pression et apaiser la poitrine endolorie.

Douleurs dans le bas du ventre

Les sensations de pesanteur ou de tiraillement peuvent survenir dès le tout début de la grossesse et sont liées à l'adaptation de l'utérus, puis un peu plus tard, quand bébé prend plus de place, à la distension des ligaments. Ne t'inquiète pas outre mesure, c'est tout à fait fréquent et elles ne sont pas nécessairement synonymes de fausse couche ! En revanche, si tu ressens ce genre de douleur très souvent dans la journée ou le soir en particulier, c'est probablement le signe que tu as un peu trop tiré sur la corde. Le seul remède, c'est le repos, dans une position allongée de préférence, pour éviter de trop solliciter les muscles du bas-ventre. Attention, ignorer totalement ces sensations quand elles deviennent chroniques pourrait mener à des contractions. De même, si elles deviennent soudainement très violentes et/ou s'accompagnent de saignements, direction les urgences gynéco.

BÉBÉ

Remontées acides

Elles peuvent survenir à tout moment de la journée (moi, c'était même la nuit), et ça pourrit un peu la vie. Les remontées gastriques sont très courantes, surtout en milieu et fin de grossesse, quand bébé prend tellement de place qu'il en perturbe parfois le bon fonctionnement du système digestif. Pour les diminuer, évite en particulier les aliments trop épicés ou trop acides (comme les tomates ou les agrumes), et les aliments très gras ou très sucrés. Un grand verre de lait froid (ou une boisson végétale dans l'idéal) calmera les brûlures d'estomac. La gravité jouant aussi un rôle ici, n'hésite pas à dormir dans une position légèrement assise.

Constipation et hémorroïdes

Tu pensais qu'on avait déjà fait le tour des maux les plus glamours de la grossesse ? Eh non ! Au début de la grossesse, ce sont les hormones qui jouent sur le système digestif, et plus tard, c'est la place que prend bébé qui peut dérégler tes intestins. Tu vas peut-être découvrir les joyeusetés de la constipation ou des hémorroïdes. La solution la plus efficace ? Soigner son alimentation et bouger un peu tous les jours. Ce n'est pas un scoop : les aliments riches en fibres – légumes verts, lentilles, noix et même... chocolat noir (ah, enfin une bonne nouvelle !) – facilitent le transit intestinal. Consommés au quotidien, en n'oubliant pas de faire le plein de fruits et légumes, ils t'éviteront les... bouchons. Et pour faciliter tout ça, rien de tel qu'une petite promenade tous les jours : 20 à 30 minutes de marche par jour, et c'est reparti pour un tour – non, mais là vraiment, on a dépassé les limites du glamour, je te présente mes excuses.

Jambes lourdes

Les hormones de grossesse favorisent l'apparition d'œdèmes et la dilatation des veines. Ajoute à cela la masse sanguine qui augmente et entraîne une vasodilatation... c'est vrai que, la grossesse, ce n'est pas le moment où tu te sentiras légère comme une ballerine. Le pire, c'est si tu es enceinte en plein été – pauvre de toi ! La marche (les jambes dans l'eau si tu en as l'occasion, dans la mer ou dans une rivière, c'est encore mieux) et la natation sont des moyens fiables pour redonner un coup de fouet à ta circulation sanguine. Les gels et sprays mentholés ou à la vigne rouge sont pas mal non plus, mais ils ne soulagent que temporairement la sensation d'inconfort et ne diminuent pas les œdèmes. Par contre, pour véritablement contrer ce problème, n'hésite pas à dormir avec les pieds surélevés ! Et puis, pour tout te dire, moi qui ai des soucis de varices depuis des années (même quand je ne suis pas enceinte), le truc qui m'a toujours le plus soulagée, c'est sans conteste les bas de contention – si tu te poses la question, oui, c'est moche et ça fait grand-mère, mais c'est vraiment efficace. Autre solution redoutablement efficace : le drainage lymphatique. Réalisé par un kiné manuellement ou à l'aide de grandes « bottes » gonflables (pressothérapie), non seulement ça soulage instantanément, mais ça améliore aussi considérablement la circulation. Pour l'avoir fait une fois par semaine tout au long de ma deuxième grossesse, je peux te dire que c'est aussi efficace qu'agréable !

Vergetures

Ces petites ou grandes zébrures qui apparaissent sur le ventre/les cuisses/le bas du dos/les fesses/les seins (rayer la mention inutile) sont très courantes et touchent en moyenne huit femmes enceintes sur dix. Rares sont donc celles qui y échappent totalement, et on y est plus ou moins sujette selon l'hérédité et son type de peau (plus ou moins élastique selon les femmes) – autant te faire à l'idée que tu en « auras » au moins quelques-unes en attendant bébé. Pour autant, ce n'est pas une fatalité de se retrouver avec d'énormes vergetures partout.

Pour réduire ce risque, voire les éviter :

- Manger sainement, boire beaucoup d'eau et bouger un peu chaque jour pour ne pas prendre plus de poids que nécessaire (eh oui, je sais, c'est redondant et on en revient toujours à ça, comme quoi ces bonnes habitudes ont de multiples bénéfices !).
- Bien hydrater sa peau (dans l'idéal, deux fois par jour avec de l'huile d'amande douce, du beurre de karité ou, mieux encore, une crème contenant du collagène), en massant en mouvements circulaires de façon à bien faire pénétrer le produit. Ce n'est pas un remède magique, mais bien hydrater sa peau, en dedans et en dehors, c'est le meilleur moyen de prévenir l'apparition des vergetures.

Mal de dos

Quand on est enceinte, on prend du poids et le centre de gravité change. Et on ne peut pas dire que ce soit un symptôme qui se fasse plus discret quand on approche de la fin de sa grossesse... On va souvent avoir tendance à se tenir très cambrée, ce qui va déclencher des douleurs lombaires plus ou moins importantes. Le premier geste à adopter est donc de se tenir bien droit sans creuser le dos. Évite aussi les gestes brusques, de te baisser sans plier les genoux, de porter des charges lourdes ou trop encombrantes. Pour soulager ces douleurs, n'hésite pas à glisser un coussin entre ta chaise et ton dos, à t'allonger sur une bouillotte bien chaude, à marcher un peu chaque jour (eh oui, encore et toujours !) ou bien, si c'est trop douloureux, à rendre visite à ton kiné.

On ne le dira jamais assez : si tu ressens quoi que ce soit de douloureux ou d'anormal, rapproche-toi sans tarder d'un médecin ou d'une sage-femme. La grossesse est une période de changements et de chamboulements, mais ça peut vite devenir dangereux pour toi ou pour bébé d'ignorer certains symptômes. Mieux vaut donc consulter « pour rien » (enfin, au moins pour se rassurer, ce qui est déjà essentiel) que de fermer les yeux sur quelque chose qui cloche de peur de passer pour une hypocondriaque.

LE MOT DU papa

Pourquoi ne pas vous improviser masseur le temps d'offrir à votre bien-aimée quelques minutes de détente dans son quotidien un peu mouvementé ?

Masque de grossesse

Il s'agit de l'apparition de taches plus ou moins disgracieuses sur le visage, qui touche plus particulièrement les femmes qui se sont exposées au soleil (notamment celles qui vivent dans des régions très ensoleillées). Parfois, confronté à des pics d'hormones brutaux, le corps s'affole et se dérègle, bousculant ainsi la synthèse de la mélanine. Voilà pourquoi chez certaines, après une exposition au soleil, des taches brunes apparaissent, principalement sur le nez, les joues et le menton. Pour le coup, là, c'est facile à prévenir : il suffit de limiter ou tout simplement d'éviter les expositions au soleil (pas de soleil, pas de risque de taches) et d'appliquer systématiquement une crème avec un SPF 50.

Maux de tête

C'est surtout au tout début de la grossesse que tu risqueras d'en avoir, parfois même accompagnés de vertiges ou de petits malaises. Migraine, tête qui tourne... le seul remède : faire des pauses et se reposer régulièrement ! Mieux vaut prendre 10 minutes pour s'allonger que de se retrouver avec un mal de crâne de tous les diables ou de tomber dans les pommes.

Vivre !

Je te l'accorde, quand on est enceinte, quelques « situations de la vie courante » peuvent surprendre. On devient prioritaire aux caisses des supermarchés, on a des places assises réservées dans le bus, on peut obtenir un RDV chez le cardiologue en un rien de temps quand, d'ordinaire, on doit patienter au moins 3 mois... finalement, c'est à se demander si, attendre un bébé, ce n'est pas un peu devenir handicapée. Sauf que... non ! Si de nombreux paramètres peuvent te donner le sentiment d'être tout à coup dépendante de tout et de tout le monde, à moins de vivre une grossesse à risque, tu n'es pas au bout de ta vie, **tu n'es pas malade, tu peux encore faire mille et une choses que tu aimes.** Pourquoi donc t'en priver ?

S'amuser

Certes, quand on est enceinte, les tours de grand 8 et les challenges type « descente invétérée de mojitos » sont à proscrire. Est-ce que ça rime avec la fin du *fun* ? Absolument pas ! C'est sûr qu'une passionnée de tricot risque moins d'être frustrée en cas d'arrêt maladie qu'une fana de course à pied. Sorties ciné, shopping entre amies, cours de danse ou que sais-je encore, la plupart du temps, tu pourras continuer à t'amuser et à te faire plaisir pendant ta grossesse. Sauf contre-indication médicale, il n'y a aucun interdit quand on attend un bébé. Je suis moi-même allée à un concert (Kyo !) lorsque j'étais dans mon 5e mois de grossesse et je me suis éclatée comme une gamine.

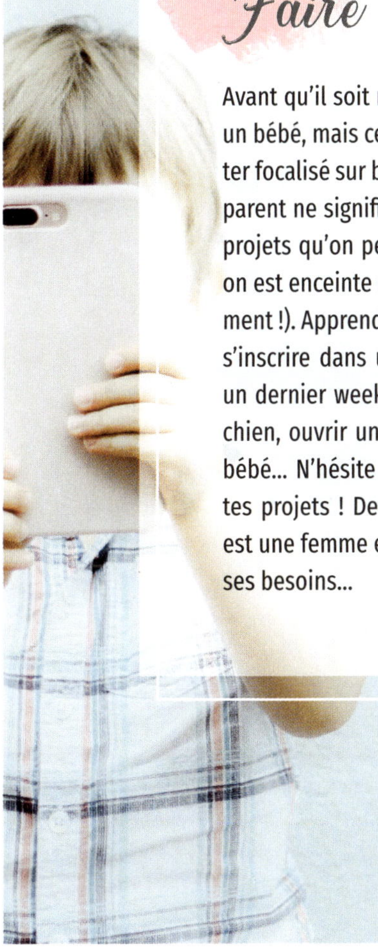

Faire des projets

Avant qu'il soit réalisé, votre principal projet, c'était de faire un bébé, mais ce n'était sûrement pas le seul ? Pourquoi rester focalisé sur bébé, maintenant que c'est en route ? Devenir parent ne signifie pas se couper du monde, et il y a plein de projets qu'on peut continuer à mener ou à démarrer quand on est enceinte ou jeune maman (enfin, après aussi, évidemment !). Apprendre le tricot, écrire un journal de ta grossesse, s'inscrire dans une chorale, organiser une *baby shower* ou un dernier week-end à deux avant la naissance, adopter un chien, ouvrir un blog, planifier les premières vacances avec bébé... N'hésite pas à t'accorder le plaisir de mener à bien tes projets ! Devenir maman, c'est aussi se souvenir qu'on est une femme et un individu à part entière, avec ses envies, ses besoins...

LE MOT DU papa

La naissance du premier enfant marquera le début de votre nouvelle vie de papa. Mais pas de panique, vous avez 9 mois pour vous y préparer et pour renforcer ce lien qui vous unit à celle qui, avant d'être la maman de votre enfant, est aussi votre amoureuse !

Voyager

Une fois encore, sauf contre-indication médicale, pas besoin de se priver de voyager quand on est enceinte. Si tu as la bougeotte et que ton amoureux et toi avez prévu quelques virées avant l'arrivée de bébé, inutile d'y renoncer ! En prenant quelques précautions, il est tout à fait possible de voyager.
Attention malgré tout, si tu vas à l'étranger, sois vigilante aux vaccins nécessaires pour bien te protéger dans certains pays, sois attentive aussi aux conditions d'hygiène et prends les précautions nécessaires pour que ton bébé et toi ne risquiez rien. Pour les trajets longs, n'oublie pas les bas de contention. Si tu es enceinte de plus de 7 mois et que tu veux prendre l'avion, méfie-toi, la plupart des compagnies aériennes refuseront de t'embarquer.

Il est bon aussi de savoir que le moyen de transport le plus sûr pendant la grossesse reste le train. Enfin, ça tombe un peu sous le sens, mais essaie d'éviter de trop t'éloigner de la maternité où tu as prévu d'accoucher si tu es dans ton dernier trimestre. Mieux vaudrait éviter de donner naissance à bébé sur le siège arrière de ta Cadillac (ou de ta Micra, au choix !).

Faire l'amour

À moins que ta libido « tire la tronche » (ce qui arrive souvent en début de grossesse où les ébats amoureux sont parfois remplacés par les nausées – glamour, toujours !) ou que les rapports sexuels te soient formellement interdits par ton gynéco (ce qui peut arriver en cas de menace d'accouchement prématuré), donnez-vous-en donc à cœur joie ! Je me répète, être enceinte, ce n'est pas être malade, et parfois, la libido sera même boostée par ce flot d'hormones qui n'ont pas forcément une influence négative sur notre bien-être et nos humeurs. Bonus ? La zone génitale étant bien mieux irriguée et oxygénée pendant la grossesse, il y a même de fortes chances pour que tu atteignes l'orgasme plus facilement et... avec plus d'intensité. Tout bénef'.

Quid du bébé pendant ce temps-là ? Je sais bien que c'est l'une des préoccupations premières de la maman (ou du papa !) quand bébé commence à se faire remarquer dans le ventre. Sent-il quelque chose ? Les ébats de ses parents amoureux risquent-ils de le toucher, voire de le blesser ? Absolument pas ! Inutile de paniquer, bébé est à l'abri dans sa piscine (la poche des eaux et le liquide amniotique), qui joue accessoirement un rôle d'amortisseur. Qui plus est, le vagin et l'utérus sont deux zones bien distinctes : le fond du vagin et la tête de bébé sont séparés de 4 à 5 cm ; même lors d'une pénétration profonde, le pénis de monsieur ne peut pas effleurer bébé. La nature est bien faite : la seule chose qu'il risque de percevoir, c'est la plénitude de sa maman. Alors, détendez-vous et... envoyez-vous en l'air !

15 IDÉES reçues SUR LA grossesse

Que tu vives dans un patelin paumé ou bien dans une grande ville, tu ne seras pas à l'abri des phrases toutes faites, sans aucun fondement et qui perdurent. Brisons donc ensemble ces idées reçues sur la grossesse qui ont la dent dure.

1 *Une femme enceinte ne peut pas caresser son chat*

La seule chose à ne pas faire quand on est enceinte, c'est de changer sa litière (pour éviter les risques de toxoplasmose). Si tu es déjà immunisée... il va te falloir trouver une autre excuse pour obliger ton homme à s'en occuper lui-même.

2 *Les femmes enceintes doivent dormir sur le côté gauche*

C'est déjà assez galère de trouver une position à peu près confortable quand on se promène avec un ballon de basket à la place du ventre, alors on va peut-être éviter d'en rajouter, non ? Dors donc dans la position qui te convient ! Par contre, je ne vais pas te mentir, ça risque quand même de franchement se corser au bout du deuxième trimestre si tu n'aimes dormir que sur le ventre.

3 *Fini le sport pendant la grossesse*

Sauf grossesse à risque ou contre-indication médicale, c'est même, au contraire, une très bonne chose que de continuer à se dépenser un peu chaque jour quand on est enceinte. Si tu espérais utiliser ta condition comme prétexte pour bouder les sorties avec ton chien, là encore... c'est loupé.

4 *Le ventre en avant, c'est la garantie d'attendre un garçon*

La forme de ton ventre n'a rien à voir avec le sexe de bébé. Elle dépend des femmes et de la posture que tu adoptes pendant la grossesse, aucun rapport avec les X et les Y.

5 Avoir de l'acné enceinte, c'est la garantie d'avoir une fille

On l'a déjà dit, quand on tombe enceinte, le corps vit un bouleversement hormonal qui peut se répercuter sur la peau. Il arrive donc que même une femme ayant la peau de nature sèche avant la grossesse se retrouve avec la peau grasse, voire acnéique, peu importe qu'elle attende un garçon ou une fille.

6 Une femme enceinte ne devrait pas boire de thé ni de café

Il faut juste s'assurer que la consommation reste modérée (si tu es du genre à boire 15 expressos par jour, il va quand même falloir y aller mollo, vois-tu). La dose idéale reste une tasse par jour, de quoi t'offrir ce petit plaisir tous les matins au petit-déjeuner.

7 Manger épicé est dangereux pendant la grossesse

S'il y a quelques précautions à prendre côté alimentation quand on est enceinte, là, c'est juste n'importe quoi.

8 On perd ses dents pendant la grossesse

S'il est vrai que les vomissements et les changements hormonaux peuvent fragiliser l'émail des dents, « donner la vie » ne va pas de pair avec « porter un dentier ». En revanche, enceinte (ou pas d'ailleurs), il est conseillé d'avoir une hygiène buccale irréprochable et de faire un petit contrôle chez le dentiste tous les 8 à 12 mois.

9 Boire un verre ou deux quand on est enceinte, ce n'est pas la fin du monde

Alors, non, ce n'est pas littéralement la fin du monde. En revanche, ça peut être dramatique pour bébé : l'alcool peut provoquer une fausse couche, une naissance prématurée, un retard mental et/ou physique, et des troubles du comportement de l'enfant. Pourquoi ? L'alcool ingéré passe directement dans le sang du bébé et son foie, plus petit, l'élimine plus lentement. On ignore quelle quantité expose l'enfant au danger, voilà pourquoi un verre d'alcool demeure un verre de trop. Je le redis, car c'est important à souligner : il n'y a pas d'alcool moins néfaste qu'un autre, puisqu'un verre standard (whisky, champagne, vin, bière) équivaut à 10 g d'alcool pur. Donc : zéro alcool pendant la grossesse ! (Voir « Prendre les bonnes précautions et les bonnes habitudes ! », p. 71).

10 Manger trop de chocolat donne des taches de naissance sur la peau de bébé

Cette croyance populaire a la dent dure et ça va tellement loin que les anciens appellent même « envies » ces fameuses taches de naissance. Ces angiomes sont en réalité un amas de vaisseaux dilatés, pas plus prévisibles que des grains de beauté et s'estomperont plus ou moins pendant la croissance de l'enfant. Peu importe que tu fasses une cure de chocolat, de maquereaux ou de croûtons à l'ail.

C'EST UN GARÇON !
C'EST UNE FILLE !

11 *Interdit de lever les bras quand on est enceinte*

Il paraît que ça déclenche des fausses couches. Je pense qu'avec un peu de bon sens, tu te doutes déjà que c'est complètement absurde et que ça deviendrait quand même drôlement handicapant. En revanche, évite tout de même de te mettre en équilibre sur un tabouret, bras au-dessus de la tête pour ranger la dernière étagère de ton armoire. Ce genre d'effort dans une position inconfortable pourrait être à l'origine de contractions prématurées (et d'une vilaine chute du tabouret, accessoirement).

12 *Tu peux choisir le sexe de bébé en fonction de ton alimentation*

Alors là, ce n'est pas à 100 % une idée reçue, mais ça mérite tout de même qu'on en discute un peu. Histoire de te rappeler brièvement tes cours de SVT au collège (je te l'accorde, je n'étais pas particulièrement assidue non plus en quatrième), le sexe du fœtus est déterminé au moment de la fécondation par le chromosome apporté par le spermatozoïde. L'ovule de la femme porte le chromosome X qui va s'associer au chromosome X ou Y du père pour former une paire (XX pour une fille, XY pour un garçon).

Cela dit, certaines études récentes ont effectivement démontré que, selon l'alimentation de la maman, le pH de la glaire cervicale présente dans le vagin (plus ou moins basique ou acide) favoriserait ou défavoriserait la survie de certains spermatozoïdes. D'où la floraison un peu partout de régimes « garçon » ou « fille ». Si, en ce qui me concerne, l'idée même de vouloir gérer jusqu'au sexe de son enfant me révulse, n'oublie pas pour autant que, même en suivant scrupuleusement ces régimes, rien ne garantit le résultat, les taux de réussite étant bien éloignés d'un 100 % – imagine ta déception si jamais tu t'y colles toi aussi avec assiduité, mais que ça ne fonctionne pas comme tu l'espérais ? Les conséquences de la déception sur les parents et surtout sur l'enfant peuvent s'avérer dramatiques dans certains cas... Autant donc aborder cette question avec prudence et surtout sous surveillance médicale, car au passage, ces méthodes sont loin d'être équilibrées d'un point de vue alimentaire.

13 Croiser les jambes, c'est risquer que bébé s'étouffe avec le cordon

Hum, pardon ? On risquerait d'enrouler le cordon autour du cou de bébé si on a l'habitude de croiser les jambes quand on s'assoit ? Quelle drôle d'idée ! Au pire, ça peut freiner un peu plus encore la circulation dans tes jambes, et ça, c'est vrai que ce n'est pas cool, mais ça ne va pas changer la vie de bébé, vu que c'est dans ton ventre et pas dans tes cuisses qu'il se trouve.

14 Les femmes enceintes ont forcément envie de fraises

La plus populaire ! Il faut dire que les fraises, c'est sucré, frais, croquant... plutôt glamour comparé au beurre de cacahuète, aux cornichons ou au reblochon. Ce qui est vrai, certes, c'est que – tout comme les changements d'humeur – les hormones viennent plus ou moins modifier l'odorat et le goût pendant la grossesse. De quoi t'écœurer en moins de deux, mais aussi créer des envies particulières ou insolites. Bref, si tu fais une fixation sur le sachet de croûtons à l'ail, ne culpabilise pas, c'est la nature (comment ça, faut que j'arrête avec cette histoire de croûtons ?).

15 Les rapports sexuels sont dangereux pendant la grossesse

J'ai déjà répondu à cette question précédemment. À moins d'une contre-indication médicale, il n'est pas dangereux pour le bébé que ses parents continuent à faire l'amour.

PARTIE 3

Se préparer à donner la vie

Si tu es arrivée jusqu'ici, après tout ce que tu as lu, tu as désormais la plupart des cartes en main pour passer une grossesse dans les meilleures conditions. Oui, mais voilà, la grossesse dure 9 mois, souvent moins, rarement plus. Pour certaines, ça semblera interminable, pour d'autres, ça passera beaucoup trop vite. Quelle que soit ton opinion, ces 9 mois ont deux avantages : non seulement ils permettent à bébé de se développer, mais ils laissent aussi le temps de te préparer à l'accueillir. C'est le moment de piocher des informations de ci, de là, de façon à mieux comprendre ce qui se passe en toi, mais aussi de trouver la meilleure façon de tisser un véritable lien avec bébé avant même sa naissance.

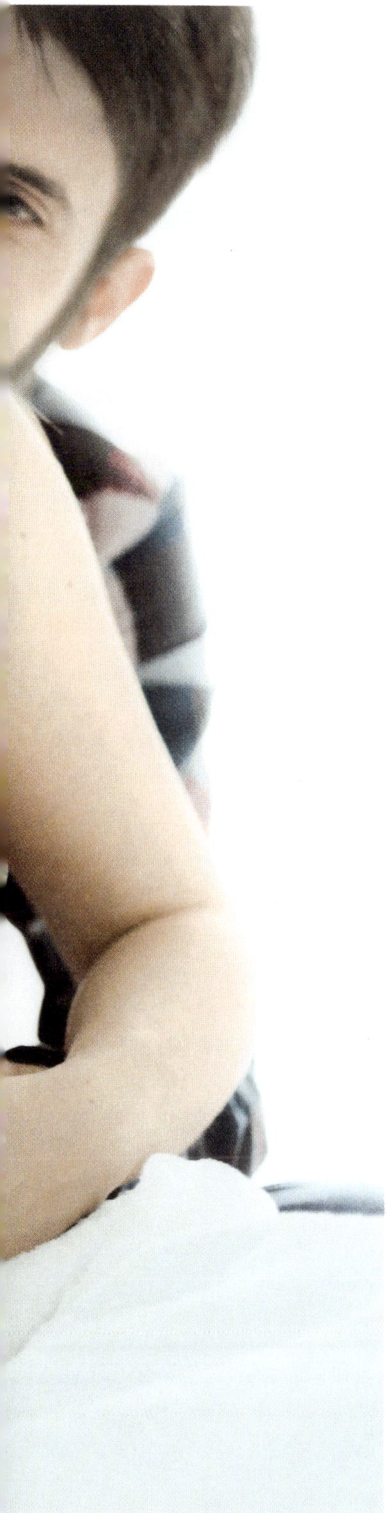

La préparation à la NAISSANCE et à la PARENTALITÉ

Késako ?

La PNP, ou préparation à la naissance et à la parentalité, concerne les femmes enceintes évidemment, mais aussi les couples. Quelle que soit celle que tu choisiras, son principal objectif est d'informer et de préparer les futurs parents et d'améliorer ainsi la santé des jeunes mamans et des nouveau-nés. La PNP vous permettra, au papa et à toi, de comprendre les mécanismes de la grossesse et de la naissance, mais aussi de tisser des liens avec votre bébé, de te rassurer, de te conseiller et de t'informer autant que tu le souhaiteras. Ces séances, individuelles ou en groupe, durent environ une heure. En France, huit d'entre elles sont remboursées par l'assurance maladie. Autant donc en profiter !

Est-ce vraiment utile ?

Au cours de ces séances, tu auras l'occasion de poser mille questions, d'échanger avec une ou plusieurs sages-femmes et/ou d'autres futurs parents. Parce que, vivre une grossesse et un accouchement sereinement, ça passe aussi par le partage et le dialogue. Pourtant, de très nombreuses femmes ne font tout simplement pas de préparation à la naissance... elles seraient tout de même environ 30 % à faire l'impasse ! Soit parce qu'elles n'en ont pas envie, soit parce que c'est un peu trop loin de chez elles, ou que les horaires des séances ne collent pas avec leur emploi du temps.

D'autres sont convaincues – à tort – qu'avec la péridurale, elles n'ont pas d'intérêt particulier à y assister. Pourtant, à ces cours, on n'apprend pas uniquement à pousser, mais en plus... rien ne garantit que tu pourras avoir une péridurale le moment venu, et dans ce cas, il vaut mieux être préparée !

Si, pour ma part, j'ai toujours été passionnée par la grossesse et les bébés, je conçois que toutes les femmes n'ont pas passé leur adolescence à lire des magazines de grossesse et des biographies de sages-femmes (encore heureux, tu me diras !). Alors, quand on attend son premier bébé, on est parfois un peu démuni, on se demande ce qui peut bien se tramer là-dedans, on s'interroge sur nos capacités à être mère et on flippe comme pas permis dès qu'on imagine l'accouchement. **La préparation à la naissance permet non seulement de se familiariser avec les changements qui surviennent quand on est enceinte, mais aussi de ne pas se laisser submerger par la peur de l'inconnu,** d'apprendre à gérer la douleur et de se préparer en douceur à sa nouvelle vie de parents, celle qui vous attend juste après la naissance. C'est donc un excellent moyen de partir avec le plus de bagage possible, tout bénef' !

Mon premier cours
DE PRÉPARATION À
L'ACCOUCHEMENT

Il y en a pour tous les goûts !

Si la méthode la plus conventionnelle de préparation à la naissance a lieu à la maternité, avec plusieurs futures mamans (les papas sont les bienvenus, bien sûr), ce n'est pas l'unique option. De plus en plus d'autres méthodes sont de plus en plus proposées et permettent aux couples de trouver celle qui leur convient le mieux. Et quelle que soit celle que tu choisiras, la préparation à la naissance est une étape clé de votre nouvelle vie de parents. Une étape à ne surtout pas négliger, selon moi. Alors, à toi de te renseigner auprès de ta sage-femme pour voir quels types de préparation existent, et ensuite, à toi de voir celle qui t'inspire le plus : méthode classique, acupuncture, ostéopathie, chant prénatal, Pilates, haptonomie, homéopathie, sophrologie, hypnose... du plus courant au plus étonnant, le choix est de plus en plus vaste et de plus en plus de maternités proposent aux femmes enceintes autre chose que les cours habituels en groupe.

Mon avis

Pourquoi ne pas en coupler deux ? En ce qui me concerne, pendant ma première grossesse, j'ai beaucoup appris lors des cours classiques à la maternité. On s'y retrouvait avec d'autres futurs parents et une sage-femme, pour se familiariser avec les lieux et apprendre pas mal de choses d'un point de vue technique (ce qui me rassurait puisque j'aime comprendre ce qui se passe). En plus, je pouvais partager mon ressenti avec d'autres femmes dont le terme était sensiblement le même que le mien. Mais en parallèle, après avoir fait pas mal de recherches sur le sujet, mon mari et moi avons commencé les séances d'haptonomie, une méthode tout à fait différente aux bénéfices multiples. Si, toi aussi, tu as envie de participer aux cours à la maternité tout en découvrant d'autres facettes de la grossesse grâce à une méthode différente, en particulier si c'est ta toute première grossesse, fais-le !

LE MOT DU papa

En ce qui me concerne, je me suis organisé dès la première grossesse de Melissa pour l'accompagner aux séances de préparation à la naissance. J'y ai appris beaucoup de choses, c'était pour moi l'occasion de m'impliquer au maximum et de casser certains stéréotypes. Trop peu d'opportunités de démystifier la grossesse et l'accouchement s'offrent aux papas, autant ne pas les négliger !

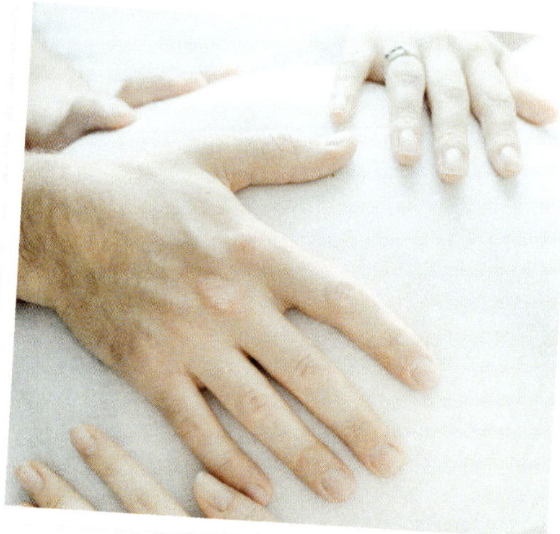

L'haptonomie

Cette fois, je ne vais pas être très impartiale, mais j'assume ce choix et ce sujet : j'avais terriblement envie de parler de l'haptonomie. Cette méthode de préparation à la naissance a été une véritable révélation pour nous, en tant que couple d'abord, mais aussi en tant que famille.

J'en avais un peu entendu parler avant de tomber enceinte de mon premier bébé et je dois dire que c'est avec autant de curiosité que de scepticisme que je m'y suis intéressée dès mes premières semaines de grossesse. Je rêvais bien entendu de faire connaissance avec ce petit être qui grandissait en moi et je souhaitais tout autant que le futur papa puisse lui aussi vivre cet échange avec bébé, mais j'avais du mal à m'imaginer qu'un si petit être puisse véritablement « communiquer » avec nous. Paradoxalement, je me disais que, s'il y avait la moindre chance pour que cela fonctionne, il fallait tenter. Après tout, nous n'avions rien à perdre.
J'ai déjà lu à plusieurs reprises (et avec stupéfaction) qu'il n'a pas été prouvé que le bébé *in utero* puisse réellement percevoir et interpréter ce qui l'entoure avant la naissance, et encore moins communiquer. Je dois avouer que, d'après notre propre expérience, ce genre de théorie est tout simplement aberrant ! S'il est évident qu'un enfant à naître n'a pas les mêmes perceptions que nous, il suffit de vivre ne serait-ce qu'une grossesse pour ressentir ce lien si particulier qu'on tisse avec son bébé bien avant la naissance. Je pense que la plupart des futures mamans confirmeraient le fait que bébé réagit au son de leur voix, à leurs caresses, et même parfois à leurs émotions. Ce lien unique est d'ailleurs ce que j'ai toujours considéré comme le plus extraordinaire dans la grossesse, c'est comme si on était littéralement connecté à son enfant, comme si, plus que de grandir en nous, il vivait avec nous.

Cette sorte de fusion entre la femme enceinte et son bébé, aussi merveilleuse soit-elle, peut en revanche donner au futur papa le sentiment qu'il n'est pas « dans le cercle », que, parce qu'il ne ressent pas aussi bien les mouvements et réactions du fœtus, il ne peut pas réellement tisser de lien avec lui avant la naissance. Pourtant, c'est loin d'être impossible, nous en avons

L'haptonomie a été le ciment qui a soudé notre famille NOTRE FAMILLE, maman-bébé-papa, AVANT MÊME LA NAISSANCE.

fait l'expérience et ça a véritablement permis à mon mari de vivre ces grossesses avec nous, sans se sentir exclu.

L'haptonomie a été le ciment qui a soudé notre famille, maman-bébé-papa, avant même la naissance. Et cela s'est confirmé pendant ma deuxième grossesse : nous avons réitéré l'expérience, et une fois de plus, j'ai vu mon mari communiquer avec bébé alors qu'il était encore blotti dans mon ventre. J'ai senti mon bébé répondre aux « appels » de son papa, je l'ai senti se déplacer pour venir se nicher au creux de sa main, j'ai senti mon giron maternel se détendre pour laisser la place à cette petite créature et lui permettre de s'étirer pour mieux montrer à son papa qu'il était là.

Le jour de la naissance, pour mes deux premiers enfants, l'haptonomie m'a permis de beaucoup relativiser, d'accepter les douleurs provoquées par les contractions plutôt que de les subir. Après des mois à préparer l'arrivée de bébé avec ma sage-femme haptothérapeute, j'avais pleinement conscience que ces douleurs n'étaient pas destinées à me faire souffrir, mais bien à accompagner la venue au monde de mon bébé. Je peux dire sans la moindre hésitation que c'est grâce au fait que j'étais préparée que j'ai pu donner naissance à mes enfants sans péridurale. J'ai abordé chaque accouchement avec beaucoup de sérénité et un certain détachement qui m'ont permis de relativiser la douleur, jusqu'à « cohabiter » avec elle, comme si je faisais équipe avec mon corps plutôt que de me retrouver dépassée ou paniquée.

Pour moi, l'haptonomie s'est donc révélée être une véritable expérience sensorielle et émotionnelle qui nous a liés les uns aux autres plusieurs mois avant l'accouchement, qui nous a permis de vivre des accouchements sans stress et en douceur, qui a fait de nos enfants des bébés très éveillés et toniques dès la naissance, et qui, surtout, a permis au papa de se sentir totalement intégré à la grossesse. Une expérience unique que je te recommande de tenter !

PETIT ENTRETIEN AVEC une sage-femme HAPTOTHÉRAPEUTE

Parce que l'haptonomie reste très abstraite et plutôt inconnue de la plupart des femmes, j'ai eu envie de demander à une sage-femme haptothérapeute de t'en dire plus dans ces quelques pages. C'est donc tout naturellement que je me suis adressée à Dominique, la sage-femme avec qui nous avons pratiqué l'haptonomie pendant ma deuxième grossesse. Ses réponses à mes questions te permettront sans doute d'y voir un peu plus clair et d'en comprendre les bienfaits.

COMMENT DÉFINIRIEZ-VOUS L'HAPTONOMIE ?

L'haptonomie a vu le jour en plein milieu du xxe siècle. Son fondateur, Frans Veldman, la définit comme « science de l'affectivité ». Elle offre une approche nouvelle du développement et de l'accueil du petit enfant, ainsi que du soin et de l'éducation au sens le plus large du terme. Ses applications peuvent être multiples, que ce soit avant et après la naissance, au temps de la naissance et de l'accouchement, de la petite enfance : l'éducation, la pratique des soins, la santé psychoaffective. L'accompagnement haptonomique prénatal est une préparation à l'accouchement, à la naissance et à l'accueil de l'enfant. Il permet de mettre en place très tôt une relation entre les parents et l'enfant en utilisant le toucher affectif. L'enfant est accompagné, guidé et soutenu par son père et sa mère tout au long de la grossesse, ainsi qu'au moment de sa naissance.

POUVEZ-VOUS NOUS DIRE COMMENT SE DÉROULE UNE SÉANCE ?

L'accompagnement prénatal commence dès le début de la grossesse, généralement au 4e mois, lorsque la maman perçoit les mouvements du bébé. Cet accompagnement sera progressif, adapté aux phases de développement de la grossesse, ainsi qu'aux événements qui la jalonnent.

Pendant une séance, on montre au père les gestes qui lui permettront de donner du confort à sa compagne, ainsi qu'un sentiment de complétude et de sécurité. Cet accompagnement, réalisé par un praticien spécifiquement formé en haptonomie, se déroule uniquement avec le père, la mère et l'enfant. Il ne peut pas être réalisé en groupe, car la place de l'affectivité exige un respect de la vie privée et de l'intimité.

À l'occasion de chaque rencontre, les parents découvrent comment échanger avec l'enfant avec un toucher affectif, plein de tendresse et de plaisir : ils se rencontrent avant la naissance. Cet échange sollicite un engagement affectif de la part des deux

parents, très enrichissant pour le couple, qui poursuit ce dialogue affectif à la maison, entre les séances chez l'haptothérapeute.

QUELS SONT LES BÉNÉFICES POUR LE BÉBÉ ET LES PARENTS ?

L'accompagnement en haptonomie favorise le développement de la relation affective entre la mère, le père et l'enfant. Cette manière de l'inclure dans la vie affective donne à l'enfant, très tôt avant sa naissance, le sentiment d'être accueilli et accepté tel qu'il est. Il pourra fonder son autonomie, enracinée dans le dialogue affectif et la confiance en soi et en l'autre. Côté parents, il procure aux couples un approfondissement de leur relation, modifie profondément le vécu des parents et de l'enfant lors de la grossesse et favorise l'accueil du nouveau-né au moment de la naissance et après celle-ci.

EN QUOI L'HAPTONOMIE PEUT-ELLE AIDER LA MAMAN AU MOMENT DE L'ACCOUCHEMENT ?

L'accompagnement en haptonomie réalisé tout au long de la grossesse permet de rester en lien avec son enfant dans une relation affective sécurisante. La mère, avec l'aide précieuse du papa, pourra ainsi mettre son enfant au monde et l'accueillir sereinement quels que soient les circonstances et le lieu de l'accouchement.

Y A-T-IL D'AUTRES SÉANCES À PRÉVOIR APRÈS LA NAISSANCE ?

L'accompagnement de la relation affective entre l'enfant et ses parents ne s'interrompt pas à l'instant de la naissance. C'est pourquoi il doit être poursuivi après la naissance jusqu'à la marche acquise chez l'enfant (lorsque l'enfant étend de lui-même l'espace dont il veut disposer). En pratique, quatre rencontres postnatales sont souhaitables : après la naissance, vers 3 ou 4 mois, vers 9 mois (véritable premier anniversaire de naissance du point de vue de l'enfant : anniversaire de son temps de vie avant sa venue au monde) et finalement lorsque l'enfant est installé dans la marche.

Compléments d'informations et liste des praticiens disponibles sur le site officiel du CIRDH : www.haptonomie.org

LE MOT DU papa

Je crois que ces séances (à raison d'une fois par mois dès le 4e mois de la grossesse) font partie des meilleures expériences que j'ai vécues. Les premières réponses de bébé, bien loin de simples coups de pied, m'ont ouvert les yeux sur l'individualité de cet enfant à naître et du lien affectif qu'il était déjà possible de créer avec lui. Concernant l'aspect du confort que l'on peut donner à la future maman, ça permet de ne pas être uniquement spectateur au moment de la grossesse et de l'accouchement, de devenir à son tour un vrai acteur de ces instants uniques, d'aider la maman à gérer ses douleurs, la mettre en sécurité, pour que tout se passe au mieux. Et même si les choses se compliquent, on se sent prêt à affronter toutes les épreuves, à trois.

Petite liste de films et programmes à regarder pendant sa grossesse

Si certaines futures mamans diront sans vergogne que le moins elles en savent, le mieux elles se portent, d'autres (comme moi !) chercheront par tous les moyens à s'informer au maximum, parce qu'on est curieuses, parce que ça nous rassure, parce qu'on a envie de savoir ce qui se passe ou qu'on tient à se préparer à tous les scénarios... Voilà donc une petite liste de ces programmes, séries et autres reportages à regarder pendant ta grossesse. Testés et approuvés !

L'ODYSSÉE DE LA VIE

Ce documentaire, signé Nils Tavernier, est tout bonnement magnifique et me décroche quelques larmes d'émotion à chaque fois que je le visionne. Mêlant images de synthèse mettant en scène l'environnement du fœtus dans l'utérus et vidéos authentiques d'un couple attendant son premier bébé, ce film te permettra de suivre l'évolution de bébé de la conception à sa venue au monde. Des informations scientifiques distillées avec clarté et simplicité, tout en présentant l'approche d'un couple à qui on s'identifiera à un moment ou un autre. Si je ne devais te conseiller qu'une seule chose à voir avec le futur papa pendant ta grossesse, c'est sans la moindre hésitation ce film.

CALL THE MIDWIFE

Cette série britannique inspirée des mémoires de la sage-femme Jennifer Worth donne un formidable aperçu du travail des sages-femmes, mais surtout des aléas de la grossesse et de l'accouchement. L'intrigue se déroule dans un quartier défavorisé du Londres des années 1950, il s'agit donc d'une série historique, certes, mais débordante d'émotions et de bonheur. Un gros coup de cœur pour ma part !

CE QUI VOUS ATTEND SI VOUS ATTENDEZ UN ENFANT

Sans doute le film par excellence à regarder avec tes copines ! Jennifer Lopez, Cameron Diaz, Elizabeth Banks ou encore Dennis Quaid, on est sur une comédie américaine pure et dure à l'humour pas toujours très raffiné, mais je te mets au défi de ne pas rire une seule fois. Mettant en scène

les histoires croisées (et très cliché, on ne va pas se mentir !) de plusieurs couples étant sur le point de devenir parents, c'est un film léger, mais pas dépourvu de bons sentiments.

LE PRÉNOM

Ce film, presqu'un huis clos, adapté de la pièce éponyme, est tout bonnement extraordinaire et d'un humour sarcastique irrésistible. Suite à la mauvaise blague d'un futur papa un peu trop taquin, le dîner d'amis tourne aux règlements de comptes. Je préfère ne pas en dire plus de peur de trop en dévoiler, mais clairement, c'est drôle à souhait. À regarder absolument !

BABY-BOOM

Ce docu-réalité français permet de suivre le quotidien de sages-femmes et des couples qu'elles accompagnent pour ce moment exceptionnel qu'est l'accouchement grâce à des caméras placées dans les couloirs de la maternité. Je ne peux pas dire que j'apprécie tout le temps cette émission, mais je reconnais que son aspect très concret et *real life* permet de suivre de nombreux cas de figure et de prendre conscience qu'une naissance n'est jamais identique à une autre.

LA MAISON DES MATERNELLES

Anciennement intitulée *Les Maternelles*, cette émission est diffusée depuis des années, et j'avoue sans honte que je préférais mille fois regarder ça plutôt que le *Hit Machine*, quand j'avais 13 ou 14 ans. Ce magazine matinal propose des informations scientifiques et conseils, et permet de partager diverses expériences au sujet de la grossesse, de la parentalité et de l'éducation. Divers spécialistes sont régulièrement invités sur le plateau pour répondre aux questions des mamans, et j'ai toujours trouvé que c'était une émission très instructive et accessible. De nombreux replays sont disponibles en ligne et m'ont permis, au cours de mes grossesses ou de mes premiers mois avec bébé, de trouver quelques réponses à mes questions ou quelques astuces pour faciliter la cohabitation avec un nouveau-né face auquel on se sent parfois un peu démuni.

PARTIE 4

Préparer son accouchement

Ta grossesse est maintenant bien avancée et la naissance n'est plus qu'une question de semaines. Tu vas penser à cet événement un million de fois, tu vas le rêver, tu vas l'appréhender, peut-être même le craindre. Tout ça est on ne peut plus légitime, puisque c'est et ce sera toujours l'inconnu, que tu attendes ton premier ou ton cinquième bébé. C'est le moment de te renseigner pour bien comprendre son déroulement, de te rassurer et de penser à préparer ces petites choses qui feront de l'accouchement un moment inoubliable et qui vous ressemble.

LE *projet* DE NAISSANCE

Les cours de préparation à la naissance, les livres, les films, les magazines, c'est super pour s'instruire et pour décider, petit à petit, à quoi on aimerait que notre accouchement ressemble. Oh, bien sûr, pas d'illusion : une naissance est toujours une surprise et se passe rarement de la façon dont on l'imaginait. Cela dit, il est tout de même possible de se préparer à accoucher. C'est là que le projet de naissance intervient.

Désormais très répandu et bien connu des sages-femmes et accoucheurs, il peut être oublié, car il n'est pas forcément évoqué lors des visites prénatales ou des cours de préparation à la naissance. Si donc tu n'en avais jamais entendu parler jusque-là, je suis ravie de t'en apprendre l'existence, car il pourrait bien te permettre de vivre un moment plus extraordinaire encore puisqu'il fera de vous, la maman, le papa et bébé, les acteurs principaux de cette aventure riche en sensations.

Le projet de naissance, c'est quoi ?

Il s'agit d'un document qui fera office d'outil de communication avec le corps médical lorsque le moment de mettre bébé au monde sera venu, voire avant. Parfois dans le dossier de grossesse remis par la maternité lors de l'inscription, ce simple morceau de papier – qu'on peut télécharger sur le net ou rédiger soi-même – indique vos souhaits, au papa et à toi, pour le jour de la naissance de votre bébé. Et ça, c'est un détail qui a son importance : il s'agit bel et bien de votre enfant, de ton accouchement.

S'il s'agit d'un acte de routine pour le personnel médical, c'est au contraire un moment tout à fait unique et rare dans votre vie. En effet, il ne faut pas oublier que chaque grossesse, chaque bébé et chaque couple est différent. Autant donc faire de cette journée spéciale un souvenir qui vous correspond, dans la mesure du possible.

Quel est son but ?

L'idée est d'écrire noir sur blanc ce que vous souhaitez ou ne souhaitez pas dans l'idéal, c'est-à-dire s'il n'y a pas de complications particulières. Il s'agit pour cela de réfléchir à ce dont tu aimerais disposer ou à ce dont tu ne veux surtout pas entendre parler pour ton accouchement, et de transmettre ça aux personnes concernées. Bien sûr, les imprévus et l'inconnu font partie d'une naissance, c'est d'ailleurs ce qui rend tout ça exceptionnel, mais rédiger un projet de naissance vous permettra, au papa et à toi, de vous impliquer en faisant part de vos préférences et peut-être même de vos rêves.

Qu'indiquer dessus, concrètement ?

Une fois n'est pas coutume, je vais te parler un peu de mes souhaits ! Voici quelques points importants que j'avais évoqués pour mes deux premiers accouchements.

PAS DE PÉRIDURALE, SAUF SI JE LA DEMANDE

J'ai toujours souhaité, si possible, accoucher sans péridurale (voir plus loin). C'est un point qu'il est très utile d'indiquer sur son projet de naissance, pour la bonne et simple raison que, si on ne le précise pas à l'avance, elle nous sera proposée très rapidement quand le travail aura débuté. Or, quand on souhaite s'en passer, se la voir proposer dès les 5 premiers centimètres de dilatation, voire avant, c'est être soumise à la tentation. Si l'équipe médicale est informée de ce souhait en amont, plutôt que de te demander régulièrement si tu la désires, elle t'accompagnera de façon à trouver des activités, lieux et positions qui permettront de soulager un peu tes douleurs et de faire avancer le travail plus rapidement. C'est pour cette raison que l'on m'a rapidement proposé le ballon, la marche et la baignoire, par exemple. Le dire à l'avance permet aux sages-femmes de mieux répondre à nos attentes et de mieux nous aider à supporter la douleur.

PAS DE CATHÉTER SUR LA MAIN

Pour mon premier accouchement, aussi paradoxal que ça puisse paraître, ce dont je me souviens comme ayant été le plus douloureux, ça a été la pose du cathéter sur le dos de ma main. Ce n'est pas le cathéter en soi qui me faisait mal, mais bien le moment où j'ai senti la grosse aiguille percer la peau et celui où on me l'a retiré. Je ne sais pas s'il avait été mal posé, mais ce qui est certain, c'est que j'en ai gardé un gros bleu pendant plusieurs jours après, alors qu'il n'a pas servi. Comme cela m'avait beaucoup dérangée la première fois, j'ai donc indiqué sur mon deuxième projet de naissance que je ne souhaitais pas qu'on m'en pose un. Bien évidemment, s'il avait été nécessaire qu'on m'administre un produit, je n'aurais pas refusé le cathéter, mais finalement, je n'en ai pas eu besoin non plus, et cette fois-là, l'équipe ne m'en a pas posé.

PAS D'ÉPISIOTOMIE

J'avais également noté que je tenais à ne pas subir d'épisiotomie. Cet acte chirurgical consiste à couper le périnée (c'est-à-dire, en gros, le muscle qui relie la sortie de ton vagin à ton anus) au moment du passage de la tête du bébé, pour soi-disant le faciliter. Ce geste, trop souvent banalisé, a longtemps été pratiqué systématiquement sur les femmes qui accouchent, alors qu'il est très controversé et que son utilité n'a jamais véritablement été prouvée. Mon avis : parfois, mieux vaut une petite déchirure qu'une véritable incision.
Si je me souviens bien, j'ai eu deux ou trois points de suture pour le premier et cinq ou six pour le deuxième. Pour les deux, j'ai eu une petite anesthésie locale (vu que je n'avais pas de péridurale) et, pour les deux, je m'en suis remise très vite et très bien. Bref, si toi aussi tu préfères éviter l'épisiotomie, n'hésite pas d'abord à en parler sans langue de bois avec ta sage-femme et à l'indiquer sur ton projet de naissance.

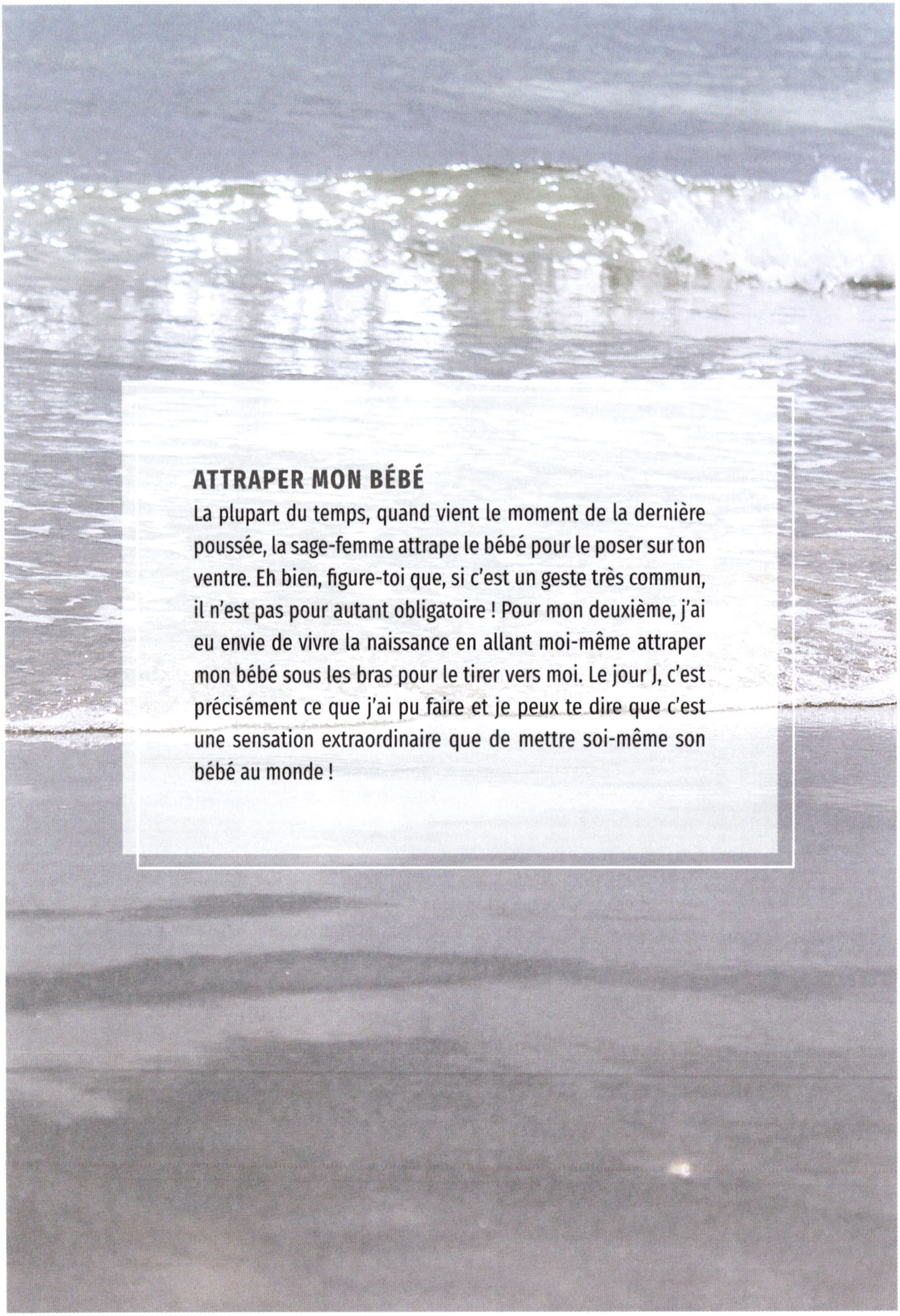

ATTRAPER MON BÉBÉ

La plupart du temps, quand vient le moment de la dernière poussée, la sage-femme attrape le bébé pour le poser sur ton ventre. Eh bien, figure-toi que, si c'est un geste très commun, il n'est pas pour autant obligatoire ! Pour mon deuxième, j'ai eu envie de vivre la naissance en allant moi-même attraper mon bébé sous les bras pour le tirer vers moi. Le jour J, c'est précisément ce que j'ai pu faire et je peux te dire que c'est une sensation extraordinaire que de mettre soi-même son bébé au monde !

Ce ne sont là que quelques exemples de ce que j'avais moi-même demandé, et bien entendu, les souhaits et refus varient selon les couples, certains sont même très décalés, mais jamais ridicules, puisque ce sont leurs désirs !
Si ton projet de naissance est encore un peu trop flou, voici quelques autres idées qui pourraient te servir.

- Je tiens à ce que mon compagnon soit présent à toutes les étapes de la naissance, même en cas de césarienne.
- Je souhaite pouvoir marcher et choisir ma position tout au long du travail et pendant l'accouchement en lui-même. Si une surveillance par monitoring est nécessaire, je souhaite qu'elle soit ambulatoire ou discontinue.
- Je souhaite éviter au maximum les touchers vaginaux pendant le travail.
- Nous souhaitons que chaque intervention ou chaque geste nous soit clairement expliqué au préalable et que rien ne soit fait sans que nous ayons été consultés et informés.
- Je souhaite que le cordon ombilical soit coupé par le papa, après qu'il a arrêté de battre.
- Je souhaite récupérer le placenta après la naissance.
- Nous souhaitons que le papa puisse prendre bébé en peau à peau après la naissance.
- Je tiens à mettre mon bébé au sein juste après la naissance.
- Pour pouvoir profiter des premières minutes avec mon bébé, je souhaite que les soins qui peuvent attendre soient remis à plus tard.

36 semaines

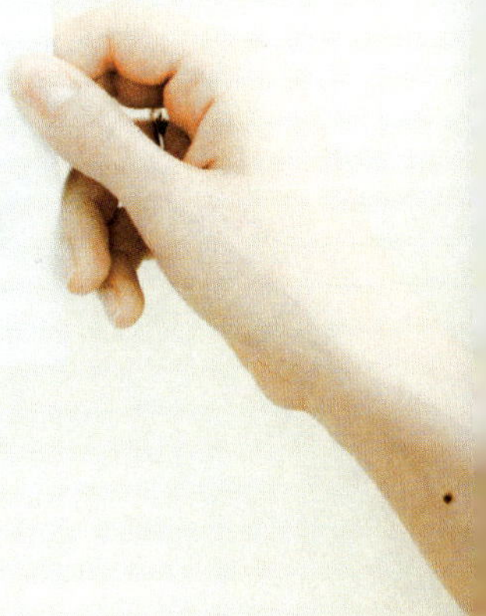

Quand et à qui le remettre ?

Le mieux est de rédiger votre projet de naissance dès que vous aurez une bonne idée de ce que vous souhaitez pour l'accouchement et de le glisser directement dans ton dossier médical de grossesse. À partir de la 36e semaine, n'hésite pas à en donner une copie à ton gynécologue et/ou à la sage-femme qui te suit. Je te conseille également d'en garder une autre copie dans le sac que tu as prévu de prendre en salle de naissance, afin d'être sûre de pouvoir le présenter à l'équipe en salle d'accouchement s'ils n'en ont pas déjà pris connaissance.

En bref

Le projet de naissance est la retranscription de la façon dont vous souhaitez accueillir votre enfant. Cependant, il est essentiel de garder en tête que ce n'est pas le plus important et que, si certains de vos souhaits ne sont pas réalisés, ce sera avant tout pour préserver la santé de bébé et/ou la tienne. Certaines naissances se déroulent à mille lieues de ce qu'on avait imaginé et le plus important reste de savourer ce moment avec toute la part de surprise et d'inattendu qui va avec. Il est bien, même quand on aspire à des circonstances particulières pour son accouchement, de se souvenir que ce n'est que le début de notre vie de parents et que, même si tout ne se passe pas comme on l'avait espéré, la priorité reste d'accueillir l'enfant avec bienveillance.

LE MOT DU papa

Messieurs, c'est à partir de ce moment précis que vous pouvez vous impliquer dans le déroulé concret de la naissance : rédigez le projet de naissance avec votre compagne, pour l'aider à envisager les différentes situations qui peuvent se présenter (ce qui vous permettra aussi d'anticiper un peu les aléas d'un accouchement). Imaginons que vous souhaitiez vous-même sortir le bébé (ce n'est pas interdit, et bien souvent, les sages-femmes seront enthousiastes à l'idée que vous participiez autant). Cela restant tout de même très rare, il vaut mieux que l'équipe soit au courant au préalable, pour s'organiser et vous guider. Autre exemple : si une césarienne doit être réalisée, vous pouvez demander à faire du peau à peau tout de suite après la naissance de bébé, le temps que votre compagne reçoive les soins postopératoires et puisse revenir à la rencontre de votre enfant. Participer à la rédaction du projet de naissance vous évitera de faire des demandes au dernier moment ou d'oublier certains de vos souhaits à cause de toutes les émotions qui vont vous submerger.

club
Small baby
up to 3.4kg (7.5lbs)
small baby

Préparer sa valise pour la maternité

À ce stade de ta grossesse, tu as probablement déjà découvert, parmi la montagne de paperasse gracieusement fournie par la maternité, la fameuse liste pour t'aider à préparer ta valise.
Mon premier conseil sera de te fier à celle que ta maternité t'a donnée, car elle est adaptée à l'endroit où tu accoucheras. Chaque établissement a ses propres spécificités : par exemple, certaines maternités demandent d'apporter des serviettes de toilette, d'autres les fournissent. Idem pour les couches ou les produits de soins pour bébé. Fais preuve de bon sens : si ta maternité te demande d'apporter des tétines pour bébé alors que tu ne souhaites pas en utiliser, inutile de t'encombrer.
Second conseil et pas des moindres puisque je ne me souviens pas l'avoir lu quelque part : **ce n'est pas une valise de maternité qu'il faut préparer, mais plutôt une valise pour ton séjour à la maternité (taille de type bagage cabine), plus un sac plus petit pour la salle de naissance.** Parce que traîner en salle d'accouchement une valise ne sera pas toujours autorisé (pour des questions évidentes d'hygiène) et parce que tu n'as pas besoin d'une chemise de nuit, de slips jetables, de chaussettes ni de bavoirs pour la naissance. Autant donc ne prendre avec toi que ce qui te sera indispensable pendant le travail et les 2 heures suivant la naissance.

Dans le sac pour la salle de naissance

TON DOSSIER DE MATERNITÉ AINSI QUE TES PAPIERS D'IDENTITÉ

Ils doivent rester avec toi tout du long, c'est-à-dire dans ce sac-là et pas dans la valise. L'équipe de sages-femmes en aura besoin pour retrouver l'historique de ta grossesse et prendre connaissance de ses éventuelles particularités, mais il serait aussi dommage qu'elles passent à côté de ton projet de naissance. Autant donc garder tout ça avec toi !

TON TÉLÉPHONE ET TON CHARGEUR

C'est d'autant plus indispensable si le papa est loin et ne t'a pas encore rejointe. C'est aussi un outil complet pour t'occuper (tu peux, grâce à tes écouteurs, savourer l'album qui a le don de toujours te donner le sourire) et ne pas totalement te couper du monde pendant les heures de travail.

DE QUOI PASSER LE TEMPS

C'est un fait, un accouchement, ça peut durer longtemps, très longtemps. Pour mieux vivre cette attente bien souvent accompagnée de douleurs, autant prévoir de quoi vous occuper, le papa et toi : une tablette remplie de bons films ou des nouveaux épisodes de ta série préférée, un jeu de cartes, une balle antistress, du tricot, ton jeu favori, un bon bouquin...

UNE BOUTEILLE D'EAU ET DE QUOI MANGER POUR LE PAPA

Dès qu'on te confirmera que tu es bel et bien en travail, qu'on te garde à la maternité et que le marathon commence, il se pourrait que l'on t'interdise de boire et de manger. En revanche, le papa, s'il est présent et qu'il a prévu de t'accompagner pour la naissance, aura probablement besoin à un moment ou un autre de se restaurer, histoire de garder la pêche et d'assurer comme soutien et coach. Autant avoir de quoi grignoter plutôt que de l'envoyer s'acheter à manger pendant le travail – pour l'anecdote, mon père aurait manqué ma naissance, car trop affamé, il serait allé manger un steak pensant que ce n'était pas pour tout de suite, sauf qu'une fois encore, une naissance peut survenir d'un instant à l'autre !

UN APPAREIL PHOTO

Le selfie à moitié flou à bout de bras, ce n'est pas l'idéal pour ce moment unique. Pourquoi ne pas immortaliser les premiers souvenirs avec bébé avec un vrai appareil ? C'est rarement indiqué sur les listes, mais si tu glisses un appareil numérique dans le sac pour la salle de naissance, tu ne le regretteras pas. Les premières minutes et heures suivant la naissance sont uniques et bébé aura déjà changé le lendemain.

Dans la valise pour le séjour en maternité

DES LANGES ET DES BAVOIRS

Étonnamment, ce n'est pas toujours indiqué sur les listes de naissance, alors que Dieu sait que tu en auras besoin ! Même si bébé est tout petit et ne mange pas beaucoup, des petits et gros vomis, voire de véritables régurgitations, ça arrive parfois dès le début, et quand on a envie de garder bébé au sec et de ne pas passer 10 pyjamas par jour, le mieux reste d'avoir de quoi éponger en stock.

Plus mignon encore et tout aussi pratique : les bavoirs « bandana ». De forme triangulaire, on en trouve désormais un peu partout dans les rayons bébé. Ils se ferment avec des pressions à l'arrière et protègent les vêtements de bébé des petits crachats sans totalement lui ôter son style – c'est qu'il va beaucoup être photographié, ce bébé !

LE DOUDOU (À ACHETER ET EN DOUBLE !)

C'est surtout le « en double » qui a son importance. Inutile de venir avec les deux à la maternité, mais si vous avez prévu un doudou, pensez à doubler. Mon grand n'a jamais été très attaché à son doudou, mais dès la naissance, mon deuxième s'y est agrippé et ne l'a jamais lâché, il ne peut pas s'endormir sans. Sauf que voilà, si, à la naissance, bébé reste généralement dans tes bras ou dans son berceau et ne met pas forcément ses affaires partout, quand viendront les premiers voyages ou les premiers allers-retours chez la mamie/crèche/nounou, perdre ou oublier le doudou pourrait clairement devenir problématique. Pour pallier ces aléas que tous les parents rencontreront tôt ou tard, avoir un double du doudou, ça peut sauver la vie (du moins, la nuit).

DES CHEMISES À MANCHES COURTES

Ce n'est pas toujours mentionné non plus, et pourtant, c'est tellement pratique ! La plupart des mamans tentent l'allaitement au moins les premiers jours, et allaiter quand on n'a pas de vêtements qui s'ouvrent sur le devant, ce n'est pas toujours pratique. Mention spéciale pour les manches courtes même si tu accouches en hiver, les maternités sont généralement très chauffées pour permettre aux bébés de ne pas avoir froid ; pour ma part, j'ai toujours eu trop chaud et ne portais que des chemises et chemisiers ouverts et d'un tissu léger.

DES COUSSINETS D'ALLAITEMENT

La montée de lait te prendra peut-être de court. En l'espace d'une seule nuit, j'ai ainsi pris deux tailles de bonnet et ma poitrine était une vraie fontaine, je produisais tant de lait qu'il s'écoulait non-stop de mes mamelons, ce qui devint une vraie galère pour rester au sec. Les coussinets d'allaitement sont des disques absorbants à glisser dans son soutien-gorge ou sa brassière de façon à absorber le lait qui s'écoule. Ça me semble absolument indispensable d'en avoir une boîte avec soi, et pourtant, c'est souvent oublié des listes fournies par la maternité !

UN TUBE DE CRÈME À LA LANOLINE

Je ne vais pas te mentir, démarrer un allaitement, ça fait mal, très mal même. Le bout de tes seins n'ayant encore jamais été exposé à une succion aussi puissante que celle de bébé, c'est souvent en faisant la grimace qu'on va donner le sein dans les premiers temps. Et bien souvent, le mamelon est soumis à si rude épreuve qu'il en vient à rougir jusqu'à développer des crevasses, c'est-à-dire des blessures profondes et très douloureuses. Alors n'oublie pas de prendre dans ta trousse de toilette un tube de crème à la lanoline (on en trouve dans toutes les pharmacies), un produit naturel et comestible qui apaisera et protégera tes bouts de sein et n'est pas dangereux pour bébé même s'il tète juste après que tu en as appliqué.

UN SOIN ANTI-VERGETURES

Attention, on n'oublie pas de prendre soin de son ventre même après la naissance ! Je t'en reparlerai plus loin, mais j'ai vécu une bien mauvaise expérience le lendemain de mon deuxième accouchement et je regrette amèrement d'avoir oublié ce tube à la maison...

UNE TROUSSE BEAUTÉ

C'est vrai, ce n'est pas indispensable, mais ça fait du bien de se pomponner un peu, non ? Tu risques de recevoir la visite de plusieurs proches et amis, mais on ne va pas se voiler la face, après un accouchement, on rayonne rarement, on porte plutôt les signes de la fatigue sur notre visage. Ce n'est pourtant pas une fatalité d'avoir l'air exténué sur les photos ! N'hésite donc pas à glisser dans ta valise une petite trousse comprenant au moins un anticernes, un bon mascara et un peu de blush – de quoi ouvrir ton regard et te donner bonne mine, pour te sentir jolie malgré la fatigue.

Te voilà maintenant parée pour ne manquer de rien pendant la durée de l'accouchement et celle de ton séjour en maternité ! Évidemment, la liste n'est pas exhaustive, et si tu as envie d'apporter autre chose (tant que ce n'est pas ton chat ou un reblochon fermier), n'hésite pas. À toi de glisser dans tes affaires tout ce qui pourrait te distraire, te faire du bien ou tout bonnement te faire plaisir.

10 choses à faire absolument avant d'accoucher

S'il y a bien une chose que je ne regrette pas d'avoir faite avant de mettre au monde mon premier bébé, c'est d'avoir anticipé. Anticiper le travail et le chamboulement qu'impliquerait l'arrivée d'un nouveau-né dans notre quotidien. Dès ma première grossesse, même si j'étais la plus heureuse du monde, je ne me suis pas voilé la face ; je me doutais bien que le débarquement de cette petite chose d'environ 3 kg viendrait bousculer mes habitudes, alors j'ai préféré me préparer le plus tôt possible, pour me faciliter la vie et ne pas avoir de regrets. Voilà donc la liste de ces 10 choses que je te conseille de faire absolument avant d'accoucher.

Rassure-toi, VOTRE VIE DE COUPLE n'est pas vouée À DISPARAÎTRE...

1 Sortir en amoureux

Quand on attend son premier bébé, on passe d'un coup de deux à trois, et plus rien ne sera jamais comme avant. Ce fait avéré est bien trop souvent évoqué comme une fatalité, avec une pointe d'amertume même. Il serait bien dommage de comparer ces deux périodes de ta vie en ayant des regrets, alors que tu es sur le point de fonder une famille. C'est pour cette raison d'ailleurs qu'avec Denis, mon mari, nous avons fait en sorte de cocher quelques cases de notre *bucket list* avant de se lancer dans l'aventure de la parentalité. On est sorti, on a voyagé, découvert, savouré des moments à deux. Et être à deux, c'est essentiel. Se préparer à devenir parents, c'est l'affaire du couple et pas seulement de la femme. Rassure-toi, votre vie de couple n'est pas vouée à disparaître, et même avec un nouveau-né, il est possible de sortir, de voyager, de continuer à vivre ! Cela dit, je mentirais si je te disais que ce sera comme avant. De notre expérience, il aura fallu attendre la fin de l'allaitement exclusif avant de pouvoir refaire de « vraies sorties » tranquilles en amoureux.

C'est pour cette raison qu'une fois encore, on a anticipé. Pendant ma grossesse, on est allé visiter des coins qui nous tentaient, et même en toute fin de grossesse, on s'est fixé l'objectif d'aller se faire un ciné ou un restau rien que tous les deux. Alors, même si tu es à plus de 8 mois de grossesse, que tu es un peu, voire complètement sur les rotules et que tu ne rêves que d'embrasser ton canapé, roulée dans un plaid devant Netflix, laisse-toi tenter par une ou deux escapades, juste à deux, avec ton amoureux. Ça pourrait t'éviter quelques regrets par la suite et ça ne fera que renforcer un peu plus l'amour qui vous lie, à l'aube d'une toute nouvelle vie.

Le mot du papa

Personnellement, le jour où j'ai appris la première grossesse de ma femme, j'ai eu très envie de nous concocter un petit week-end en amoureux. Attention, l'idée n'est pas de faire le deuil de votre relation avant que madame n'ait d'yeux que pour bébé. L'objectif est plutôt de consolider votre relation et de montrer à votre compagne qu'elle compte pour vous. Cela peut passer par un petit cadeau ou une sortie surprise, pour marquer le coup.

2 Se mettre en cuisine

Je m'en doutais, et mes craintes se sont confirmées dès le retour à la maison. Quand on revient chez soi avec un nouveau-né, le temps passe à une vitesse folle et le plus clair de nos premières journées est rythmé par les tétées/biberons, le changement de couches, les berceuses, les câlins, les sorties, la toilette, les coups de fil de l'entourage, les visites des proches, et j'en passe. Résultat : on est pris dans un tourbillon qui laisse peu de place à la préparation de bons petits plats et, si on n'a pas anticipé, on risque de se retrouver à manger des pâtes au beurre à chaque repas. Certes, il reste toujours l'option de la livraison de sushis/pizzas/thaï (rayer la mention inutile), mais c'est un sacré budget (et ce n'est pas toujours très *healthy*...).

Mon conseil : profiter du troisième trimestre de grossesse pour préparer de bons petits plats faciles à congeler, les diviser en portions et les mettre au congélateur. Tu pourras ainsi piocher dedans et avoir de quoi manger vite et bien, même si bébé est resté greffé à ton sein toute la journée.

Tu manques d'idées ? En voici quelques-unes : bœuf bourguignon, pot-au-feu, lasagnes, sauce bolognaise, soupes, potages, hachis Parmentier, quiches et gratins. En bref, tout ce qui demande des cuissons longues et mijotées (et qui se réchauffera facilement à la casserole), et ce qui va dans le four (pour ceux-là, pense en revanche à cuire juste un peu moins que nécessaire au moment de la préparation, de façon à ne pas te retrouver avec du archi-cuit au moment de la dégustation).

3

Préparer les faire-part

Si tu souhaites annoncer la naissance de votre petite merveille avec le traditionnel faire-part, il vaut mieux s'en occuper avant la naissance ! Ce petit morceau de carton pourrait bien vous rendre chèvre si vous vous y attelez quand vous aurez bébé dans les bras, crois-moi ! Rien que le choix du site sur lequel tu vas les commander risque de te prendre une éternité (comparer les tarifs, la qualité de l'impression, le format, le papier...), et une fois que tu l'auras choisi, il faudra songer à tout le reste (police de caractères, mise en page, coloris, enveloppes et j'en passe). Autre chose indispensable : saisir dans un fichier Excel les noms et adresses de ceux à qui vous voulez en envoyer (n'essaie même pas de faire ça sur papier, sinon crise de nerfs assurée). Recenser les amis, proches, collègues et autres connaissances, ça prend des lustres, et si tu agis dans la précipitation, tu risques d'oublier tata Jacotte qui ne manquera pas de te faire remarquer qu'elle a reçu son faire-part 3 semaines après les autres...

Bref, fais-moi confiance, le mieux reste de s'occuper de ça avant d'avoir en plus à gérer les pleurs et besoins d'un nouveau-né, car le temps et la patience te manqueront beaucoup. Le moment venu, vous n'aurez qu'à télécharger la photo de bébé et le tour est joué ! Attention, avant de vous lancer dans la conception du faire-part, pensez bien à vérifier que le site est équipé d'un système de sauvegarde : si tu prépares tout ça consciencieusement au cours du 7e mois de grossesse et qu'après l'accouchement, tu t'aperçois que les heures passées dessus n'ont servi à rien et qu'il faut tout recommencer à zéro, tu pourrais bien piquer une crise...

4

Dormir !

On en revient à ce basique de début de grossesse, mais il n'en reste pas moins vrai en fin de grossesse. Dormir quand on est enceinte de 7 ou 8 mois, ça devient un challenge, vu que ton ventre est encombrant et que bébé développe souvent une folle passion pour le flamenco pile au moment où tu vas te coucher. Tu trouves que c'est compliqué de te reposer au troisième trimestre ? Sans vouloir t'effrayer, j'ai envie de te dire que ça ne va pas forcément s'arranger quand tu auras accouché. Les premières semaines avec bébé sont souvent chaotiques, lui comme toi aurez besoin de temps pour trouver vos marques et votre rythme. Sans compter qu'avec un estomac riquiqui, il va te demander à manger très souvent, ce qui hachera forcément vos nuits. Bref, même si tu as l'impression de vraiment mal dormir en ce moment, profite tout de même de ces derniers instants de répit où tu peux t'accorder une demi-heure de sieste de temps à autre. Dormir quand on veut est un luxe qu'il vaut mieux savourer au maximum !

LE MOT DU papa

Une vraie bonne idée cadeau ? La pause bien-être sera toujours appréciée par une future maman. Et vous êtes bien pote avec une de ses copines, déléguez l'organisation et incrustez-vous dans le cadeau. Un massage en couple, ça peut être vraiment top aussi ! (Bah quoi ? Nous aussi on va être papa, non ?)

5 S'offrir (ou se faire offrir) une pause bien-être

Pourquoi ne pas profiter des dernières semaines de ta grossesse pour t'accorder une pause rien que pour toi ? On l'a évoqué à plusieurs reprises, être ou devenir maman, ça n'a jamais impliqué d'oublier qu'on est aussi une femme et qu'on a besoin de moments pour prendre soin de soi, se sentir belle. D'autant plus qu'en fin de grossesse, le corps a tellement changé qu'on peut ne plus le reconnaître, même se sentir « grosse et moche ». C'est un fait, ta silhouette n'est plus la même, la fatigue se fait sentir et la peur de l'inconnu te poussent peut-être à un peu oublier de te faire plaisir. Sauf que voilà, faire une vraie pause, prendre rendez-vous chez le coiffeur, faire une manucure ou, mieux encore, aller faire un soin détente en institut de beauté, ça peut aider à se recentrer sur soi, à se souvenir qu'on a un corps et à ne pas se sacrifier totalement au profit du petit être qui grandit en nous. Qu'on soit enceinte de 1 ou 8 mois, après tout, on reste toujours une femme. Si ce n'est pas vraiment dans ton budget, peut-être que tes amies ou tes proches pourront se cotiser pour te faire ce cadeau qui, j'en suis sûre, se révélera être une belle parenthèse dans ta vie de future maman.

LE MOT DU papa

Ça n'a jamais été mon truc de prendre la pose – en témoigne la difficulté qu'a eu le photographe le jour de notre mariage pour capter autre chose qu'un sourire crispé ou une grimace sur mon visage. Mais les photos de grossesse, notamment celles qu'on a pu réaliser en couple ou en famille avec les enfants, sont parmi les plus belles de notre collection. Je suis content de m'être motivé à jouer le jeu ! Alors mettez donc de côté votre pudeur, détendez-vous et savourez ce moment qui vous laissera de très beaux souvenirs.

6 Faire un shooting photo de grossesse

Si tu n'en es pas à ton premier bébé, tu as peut-être déjà ressenti ce vide après l'accouchement. Dans ta chair d'abord, puisque ce bébé (de plusieurs kilos) ne se trouve plus dans ton ventre, et que ce gros ventre te manque peut-être. Et puis un vide plus abstrait certes, mais pas moins réel : cette impression d'avoir subitement été dépossédée du rôle que tu as joué pendant plus ou moins 9 mois. Certaines percevront même pendant plusieurs semaines encore les « mouvements fantôme » d'un bébé qui n'est plus en elles.

Pour l'avoir vécu, je peux te dire que c'est un phénomène assez déstabilisant, puisque, même en ayant ton nouveau-né dans les bras, c'est comme si « l'autre bébé », celui que tu avais imaginé et fantasmé pendant de longs mois, était encore là dans ton sein à t'envoyer des petits signes de vie. Je dirais que, psychologiquement, une grossesse ne se termine pas forcément le jour de la naissance, qu'il faut parfois plusieurs semaines, voire quelques mois, pour prendre conscience qu'une page s'est définitivement tournée. Et qu'on ait eu une grossesse agréable ou épouvantable, aussi paradoxal que ça puisse paraître, le bonheur qu'on ressent à accueillir enfin son enfant ne compense pas toujours le vide qui l'accompagne. Beaucoup de jeunes mères en viennent à regretter leur grossesse, à se dire que c'est passé trop vite, qu'elles n'ont pas eu le temps de réaliser que ça se terminait « déjà ». Et parmi elles, celles qui n'ont pas ou très peu de souvenirs de cette période en viendront peut-être à ressentir de la mélancolie et de la frustration. Eh oui, donner la vie c'est bien souvent ressentir mille émotions contraires, qu'on se le dise !

Alors, pour éviter cela, mon conseil, c'est de ne surtout pas passer à côté de la séance photo avant ton accouchement. Qu'elle soit réalisée en studio chez un photographe, ou bien que ce soit ton beau-frère, ta sœur ou une amie qui est derrière l'objectif, crois-moi, c'est rarement un moment qu'on regrette ! D'abord parce que se voir en photo permet de prendre conscience plus concrètement de ce qu'on est en train de vivre, ensuite parce qu'une fois la grossesse derrière toi, tu prendras sûrement plaisir à regarder ces clichés, et aussi parce qu'il y a de bonnes chances que, dans cinq ou dix ans, ton bambin te demande si lui aussi « a été dans le bidon de maman ». Créer des souvenirs, c'est immortaliser cet instant magique où l'on porte la vie.

7 Se mettre à jour sur un maximum de choses

S'il y a bien une chose qui ne risque pas de trouver sa place dans votre quotidien de tout jeunes parents, c'est bien la paperasse et le ménage ! Une fois bébé arrivé, il va sans doute accaparer votre attention et vous serez déjà bien assez occupés, le papa et toi, à comprendre ses besoins et à trouver le rythme. Alors, dans la mesure du possible, profitez des dernières semaines de grossesse pour mettre à jour vos papiers et même prendre de l'avance : il vous reste des papiers à transmettre à la sécurité sociale, à votre employeur ? Même si c'est rébarbatif à souhait, prenez une demi-journée pour boucler tout le courrier à traiter et à envoyer. La poussette est toujours dans son carton depuis que vous l'avez achetée il y a trois mois ? Prenez un moment pour la déballer et comprendre comment elle se déplie. La toile d'araignée dans le coin de la cuisine est toujours là ? C'est le moment de demander à ton homme de passer un coup d'aspirateur à fond et de faire les poussières jusque sur le dessus des meubles.

On dit souvent que, lorsqu'on approche du terme de la grossesse, un peu comme les animaux, notre « instinct » va nous pousser à « préparer le nid » pour que tout soit en place avant que bébé n'arrive et que notre attention ne soit pas dirigée vers d'autres choses. Je confirme ! Il y a effectivement un moment où je me suis dit : « Allez, aujourd'hui, c'est le grand ménage, on range et on nettoie tout, comme ça, c'est fait ! », et ce malgré cet énorme ventre qui, jusque-là, m'avait surtout obligée à bouger au minimum. Il va sans dire que ce qui est fait n'est plus à faire. Si tous les trucs rébarbatifs sont cochés sur ta check-list, crois-moi, tu seras bien plus tranquille quand, bébé dans les bras et du vomi sur l'épaule, tu constateras avec satisfaction que le coin du plafond de la cuisine est propre comme un sou neuf.

8

Passer une journée avec ses amies

On en revient toujours au même constat : les semaines après la naissance te laisseront beaucoup moins le loisir de sortir comme et quand tu en as envie (même si, pas de panique, il est tout à fait possible d'aller se promener avec un bébé, ne soyons pas fatalistes en plus, non ?).
Je te conseille donc, pour ne pas avoir de regrets, de prendre une journée pour aller faire un tour avec tes copines, boire un café, faire du shopping, bavarder et vous amuser. L'amitié fait aussi partie de ta vie de femme, et passer du temps avec ses ami(e)s, c'est une façon simple et efficace de se souvenir qu'on est une personne à part entière et pas seulement un incubateur humain.

9 *Passer du temps avec les aînés*

Ton conjoint et toi vous apprêtez à accueillir un nouveau membre dans votre famille, mais si vous avez déjà un ou plusieurs enfants, c'est leur petit monde à eux aussi qui va être chamboulé du jour au lendemain. Ton enfant unique va devenir grand frère ou grande sœur ; s'ils sont deux, ils devront faire la place à un troisième, et ainsi de suite. L'aîné sera considéré comme de plus en plus grand, le cadet devra céder sa place, et parfois, cela demande du temps et peut créer quelques frustrations. Tu ne seras plus aussi disponible qu'avant, et même si c'est provisoire, ça peut être assez culpabilisant quand on a envie d'être là tout le temps pour ses enfants.

Je te conseille donc de programmer une ou plusieurs journées pour profiter de ton ou tes enfants avant l'arrivée du petit nouveau. Profite de ces moments en tête à tête pour leur expliquer que, bientôt, bébé sera là et que, comme il sera tout petit, il aura beaucoup besoin qu'on s'occupe de lui. Avec des mots simples et accessibles (surtout quand l'écart d'âge est faible), dis-leur sincèrement que, jamais, ils ne perdront leur place, mais que tu ne pourras plus être aussi disponible que maintenant, que c'est l'affaire d'une courte période et que ça ne changera jamais l'amour que tu leur portes. Dis-leur à quel point ils comptent pour toi et à quel point rien ne pourra jamais changer ça. Les enfants, même tout petits, ont une exceptionnelle faculté de compréhension, et ce serait se tromper que de penser qu'ils sont « trop jeunes pour comprendre ». Inutile de chercher à les préserver du changement qu'impliquera la naissance d'un petit frère ou d'une petite sœur : être honnête et transparent avec ses enfants, qu'ils aient 8 mois ou 15 ans, ça me semble indispensable. Le changement n'est pas nécessairement mal vécu par un enfant, d'autant plus lorsqu'il a été anticipé avec amour et bienveillance. À vrai dire, si vous avez parlé à plusieurs reprises avec vos enfants de ce qui pourrait changer dans leur quotidien après la naissance, vous pourriez bien être les premiers surpris de les voir s'adapter très vite !

De ton côté, savoure ces derniers instants dans ce schéma familial ; une fois de plus, crée des souvenirs, prends des photos, profite de n'être qu'avec eux pour quelque temps encore. C'est essentiel, pour la maman aussi, de se dire que, jusqu'au bout, on a pris du plaisir à être ensemble en famille, qu'on est prêt à changer de chapitre tout en s'étant délecté de la dernière page jusqu'à la dernière ligne du chapitre précédent...

10 *Profiter du moment présent !*

Tu es de ces femmes qui oublient leurs complexes et se sentent plus belles pendant la grossesse ? Profites-en, porte les vêtements dans lesquels tu te sens la plus jolie jusqu'au dernier moment. Tu trouves que sentir ton bébé bouger dans ton ventre est la sensation la plus incroyable que tu aies jamais ressentie ? Profite, câline-le encore et encore, amuse-toi à jouer avec lui, à lui parler, à lui chanter des chansons et à voir comme il réagit au son de ta voix. Être enceinte, c'est vrai que ce n'est pas toujours drôle et que, parfois, ça s'accompagne de désagréments, mais ça reste à mes yeux quelque chose d'absolument extraordinaire et de trop bref. Même si tu n'as qu'une envie, celle d'accoucher pour revoir enfin tes orteils et être de nouveau capable de monter trois marches sans souffler comme un bœuf, cela reste une expérience incomparable dont beaucoup de femmes sont nostalgiques une fois bébé dans les bras. Il serait dommage de te concentrer sur les aspects négatifs de tout ça et d'en venir à oublier les bons côtés.

Alors n'hésite pas à prendre le temps de te poser pour songer à ce que tu aimes dans la grossesse, à te concentrer sur ce qui te fait du bien, ce qui t'émerveille. Prends le temps de graver en toi ces sensations uniques que tu ne revivras pas cent fois et savoure le bonheur de porter la vie.

PARTIE 5

L'accouchement

Le jour de la naissance est imminent. Ton accouchement, tu en as rêvé souvent, peut-être l'as-tu redouté, et malgré ça, il sera forcément différent de ce que tu as imaginé. Telle est la définition même d'une naissance : elle est imprévisible. C'est ce qui fait de ce moment quelque chose que, bien souvent, on appréhende même si on l'attend avec impatience. La douleur des contractions t'effraie probablement, et paradoxalement, tu as hâte de découvrir enfin le visage de ce bébé qui, tout bientôt, sera dans tes bras et non plus dans ton ventre. Tu as aussi hâte de découvrir la réaction du papa lorsqu'on lui présentera son enfant. À n'en pas douter, cette journée inoubliable sera riche en émotions, en amour et en suspense.

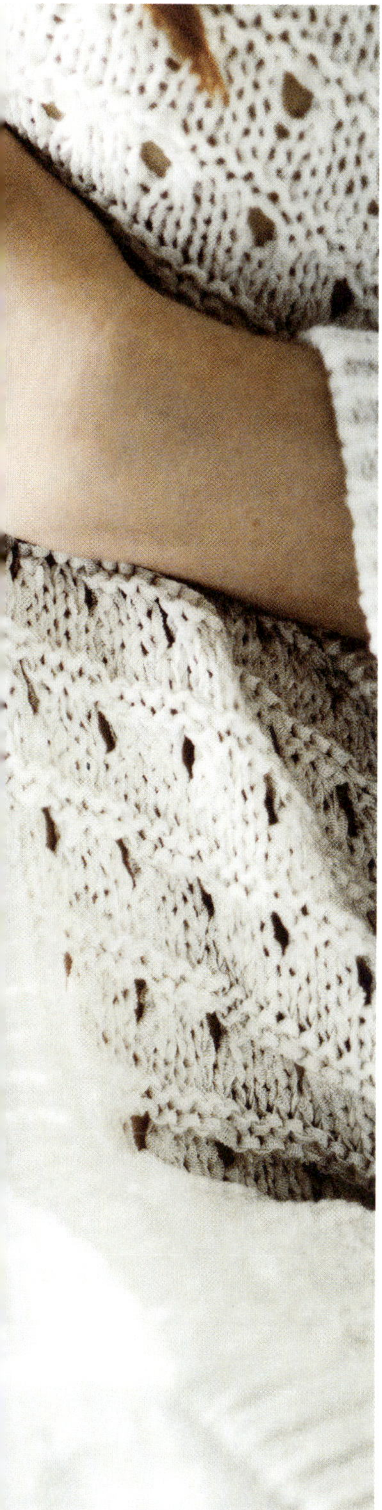

10 idées reçues sur l'accouchement

Le moment de ton accouchement approche et on te regarde bizarrement quand tu vas acheter ton pain à la boulangerie ? Tu remarqueras malgré toi que, comme pour la grossesse, il n'est pas dépourvu de mythes et légendes. Que tu le veuilles ou non, tu vas entendre pas mal de bêtises avant d'avoir le temps de dire « stop ». Voilà les 10 que j'ai recensées le plus souvent...

1 L'épisiotomie, obligatoirement tu subiras

Cette pratique, autrefois systématique, est de moins en moins pratiquée dans les maternités, puisqu'elle est rarement indispensable. Cela dit, mieux vaut tout de même en toucher deux mots à l'équipe qui suivra ton accouchement le jour J pour t'assurer que ce ne sera pas fait sans ton consentement. N'oublie pas que ton corps t'appartient et que, tant que ta santé et celle du bébé ne sont pas en danger, c'est encore toi qui décide !

2 La douleur insupportable, à coup sûr tu connaîtras

Certes, accoucher est synonyme de douleur, mais il est indispensable de garder en tête que, si l'on est bien préparée et qu'on a à notre disposition plusieurs moyens de la soulager, cette douleur-là n'a rien d'insurmontable. L'haptonomie, dont je t'ai parlé plus tôt, est notamment très efficace, même quand les contractions se font très proches et intenses. Et pour celles qui le souhaitent, on n'oublie pas non plus les miracles de la péridurale.

3 Un soir de pleine lune, tu accoucheras

Histoire de vieilles femmes, tu disais ? Eh oui, pour changer, voilà encore une de ces affirmations qui ont la dent dure et qu'on nous rabâche de génération en génération alors que ça n'a aucun fondement.

4 Accouchement par césarienne une fois, accouchement par césarienne toujours tu auras

Tout dépend de ce qui a nécessité la première césarienne. Si, par exemple, c'est parce que ton bassin est trop étroit alors, forcément, la situation n'aura pas changé, la naissance suivante sera effectivement aussi par césarienne. Mais si la césarienne est liée à la position du bébé (en siège), à son poids trop élevé ou à un problème de son rythme cardiaque, rien ne dit que cela se reproduira pour les naissances suivantes. **Un accouchement par voie basse, même quand on a eu une césarienne la première fois, reste donc tout à fait envisageable.**

5

Plus rapide ton deuxième accouchement sera

Ce qui est vrai, c'est que le corps semble avoir ce qu'on appelle « la mémoire du travail » et qu'il arrive souvent qu'une deuxième, troisième, quatrième naissance se fasse plus rapidement que la première. Sauf qu'on ne le dira jamais assez : chaque accouchement est différent. Nombreuses sont les femmes qui pourront te raconter qu'elles ont eu un accouchement expéditif alors que c'était le premier, et beaucoup d'autres que leur accouchement était interminable alors qu'elles attendaient le petit dernier. En résumé, il n'y a pas de règle !

6 *Tant que tu n'as pas perdu les eaux, chez toi tu resteras*

Je suis bien placée pour le dire : pour mes accouchements, je n'ai pas perdu les eaux, pourtant, j'avais de fortes contractions très rapprochées et bébé pouvait arriver d'une seconde à l'autre. C'est la sage-femme qui m'a percé la poche des eaux très peu de temps avant l'expulsion. Ce qui doit te faire vite partir pour la maternité, ce sont des contractions régulières et rapprochées, ou bien tellement douloureuses que tu ne te sens pas rassurée à l'idée de rester seule. En revanche, si tu perds les eaux, même sans contractions, direction la maternité. Lorsque la poche des eaux se rompt, bébé n'est plus protégé de certains germes et il devient alors indispensable d'être prise en charge jusqu'au moment de la naissance.

7 *À la pire douleur, tu n'échapperas pas*

En fait, cela dépend des femmes, mais ce n'est pas toujours le cas. Une fois encore, je parle en connaissance de cause : j'ai vécu pas mal d'autres situations où la douleur était bien plus élevée que celle des contractions (je me souviens en particulier d'une fois où je suis tombée dans les escaliers et je peux t'assurer que le coup que j'ai pris sur le coccyx était cent fois plus abominable que mes accouchements). Chaque femme a un seuil de douleur différent, et la douleur qu'on ressent quand on est sur le point de donner naissance à un enfant n'a rien à voir avec celle qu'on a lorsqu'on se pince, trébuche, tombe ou se prend un coup de pied. Ce n'est pas une agression, c'est un processus naturel qui est vécu différemment selon les mamans et les circonstances. Autant ne pas se dire d'entrée de jeu qu'on n'y survivra pas !

8 *En position gynécologique, tu accoucheras*

Rien ne t'y oblige et de plus en plus de maternités proposent des salles de naissance physiologiques. De nombreuses sages-femmes à l'écoute des futures mamans font le maximum pour respecter leurs attentes au plus près. On peut accoucher sur le dos, certes, mais aussi sur le côté (comme c'est souvent le cas au Royaume-Uni), et même accroupie. Si tu n'as pas envie d'accoucher allongée, les pieds dans les étriers, tu n'y es pas obligée. Cela dit, dans ce cas-là, comme toujours, le mieux est d'en parler à l'équipe médicale pour qu'elle puisse s'adapter à tes souhaits.

9 *Sans le moindre doute, tu déféqueras*

Attention, je ne vais pas te mentir pour autant : cela peut arriver effectivement pendant un accouchement. En particulier si on n'a pas eu envie d'aller aux WC de la journée. À noter aussi que les contractions ralentissent le transit. Je vais encore partager un détail intime avec toi, puisque ça m'est justement arrivé pour le premier et que ça ne m'a manifestement pas traumatisée vu que je réussis à en parler. Et puis, c'est logique, quand on y pense, puisqu'on pousse avec les mêmes muscles et pratiquement au même endroit que quand on va aux toilettes ; sans compter que la tête de bébé appuie sur l'ampoule rectale. Si donc, au moment où la tête de bébé appuie vraiment dessus, ton intestin n'est pas complètement vide, il peut y avoir un petit quelque chose qui s'échappe – ce à quoi les sages-femmes sont habituées, elles ne te jugeront pas, je t'assure ! Enfin, si cette information te répugne (ou te dégoûte ?) et que tu la redoutes, parles-en à ta sage-femme ou à ton obstétricien quelques semaines avant pour qu'ils te prescrivent un suppositoire de glycérine dont tu pourras te servir pendant le travail, histoire de pouvoir passer aux toilettes avant le moment fatidique. Mais déféquer pendant son accouchement, ce n'est pas du tout systématique, qu'on se le dise !

10 *Ton enfant, forcément, s'égosillera*

Si on en croit les films (et les histoires de vieilles femmes), tous les bébés crient fort à la naissance. On peut donc facilement en conclure – à tort – qu'un bébé qui ne se met pas à hurler est un bébé qui a un problème. Sauf qu'en réalité, **non, tous les nourrissons ne naissent pas en criant et ça n'a rien d'alarmant !** Souviens-toi qu'encore quelques secondes avant de naître, ton bébé dispose encore de l'oxygène *via* le cordon ombilical. Une fois à l'air libre, la fonction respiratoire va prendre le relais, et le premier cri correspond justement à un brusque appel d'air dans ses poumons. Les muscles respiratoires et les alvéoles pulmonaires commencent soudain à fonctionner et ça demande une nouvelle inspiration que bébé n'a jamais connue. C'est fort et surprenant pour lui, d'où ce « premier cri » qui peut parfois n'être d'un couinement. Alors oui, il y aura forcément une manifestation vocale suite à cette première inspiration à la naissance, mais ce ne sera pas forcément immédiat, et ce ne sera pas forcément un cri violent. D'ailleurs, la plupart des bébés s'apaisent très vite après au contact de leur maman.

L'ANESTHÉSIE *péridurale,* À PRENDRE *ou à laisser ?*

Accoucher sans péridurale, ça reste un sujet un peu *touchy*, comme on dit. Certaines femmes argumenteront que nulle n'est censée supporter la douleur quand on a à notre portée un moyen de la faire disparaître. D'autres considéreront cette anesthésie comme du pain béni tant elles redoutent d'avoir mal. Moi-même, avant de tomber enceinte de mon premier bébé, je n'imaginais pas l'accouchement comme un moment effrayant, justement parce que je me disais que le moment venu, comme ma mère l'avait fait avant moi, je demanderais une péridurale. Ayant toujours été très douillette, je n'envisageais même pas de faire autrement ; après tout, si je pouvais éviter d'avoir mal, autant en profiter, non ?

Et pourtant, depuis quelques années, de plus en plus de femmes décident de ne pas avoir recours à la péridurale. Pourquoi ? Parce que de nombreux couples, adeptes d'un mode de vie le plus naturel possible, rêvent d'un accouchement dit « physiologique ». Ou par peur de passer à côté de leur accouchement si l'anesthésique est mal dosé, ou encore parce qu'elles souhaitent à tout prix percevoir précisément chaque étape de la naissance.

Alors, péri ou pas péri ? Comment faire son choix et pourquoi est-il vraiment important de se préparer à s'en passer ?

La péridurale, c'est quoi ?

La péridurale est une anesthésie « locorégionale », c'est-à-dire qu'elle insensibilise une seule zone du corps – le bas, donc. Dans le cas de l'accouchement, elle est posée dans la région lombaire et anesthésie les nerfs au niveau de l'utérus, du plancher pelvien et du périnée, tout en permettant à la maman de garder une certaine sensibilité dans les jambes. Résultat ? Elle soulage, voire fait totalement disparaître la douleur des contractions. En théorie, elle doit être dosée de façon à ce que la femme ressente les contractions sans les subir, dans l'idée qu'elle puisse pousser efficacement le moment voulu.

Y avoir recours ou pas, c'est ton choix !

Pour le coup, j'ai envie de te dire que, même si ton mari est militant du 100 % naturel pour tout, **ça reste ton corps, ton accouchement, et donc ton choix.** Que tu choisisses avant le jour J de t'en passer ou, au contraire, d'en demander une, personne n'a à t'imposer sa vision des choses. Qui plus est, quel que soit ton projet de naissance, n'oublie pas non plus que tu as le droit de changer d'avis. Si tu n'as pas eu de péridurale pour le premier, tu peux en souhaiter une pour le second, et vice et versa. Ni ton conjoint, ni le personnel médical, ni tes proches ne doivent t'imposer leur avis sur ce qui ne concerne que toi.

Changer d'avis, même au dernier moment, c'est possible !

Même si tu as très envie de tenter l'accouchement sans péridurale, rien ne garantit le déroulé de ton accouchement. Certaines femmes accouchent en quelques heures, d'autres auront des contractions pendant 2 ou 3 jours – et ça, ce peut être tellement fatigant qu'on peut revenir sur son choix pour ne pas subir ce moment-là (parce qu'autant oublier le mot « dormir » quand on a des contractions de travail). La péridurale peut se révéler être un formidable moyen de décompresser, de se reposer, voire de dormir lors d'un accouchement marathon. Pourquoi se priver de ce soulagement quand les choses ne tournent pas exactement comme on l'aurait souhaité ?

Dans certaines situations, il arrive que le personnel médical décide de déclencher la naissance : quand on a perdu les eaux, mais que l'accouchement ne se met pas en route naturellement, quand on a dépassé le terme de la grossesse ou encore quand le bébé est jugé « trop gros ». Sauf que par définition, puisqu'il s'agit d'un travail provoqué et donc pas naturel, les contractions sont quasi systématiquement beaucoup plus fortes que la normale, et qu'elles deviennent donc souvent insupportables. Là encore, même si on souhaitait vivre une naissance la plus naturelle possible, la péridurale sera peut-être le moyen le plus fiable de ne pas faire de cette journée un souvenir pénible.

À l'inverse, une femme qui a toujours pensé demander une péridurale se surprendra peut-être elle-même le jour J. Il arrive que notre corps tolère mieux la douleur qu'on l'aurait pensé et il serait alors bien dommage d'accepter une anesthésie alors qu'on n'est plus tellement sûre d'en avoir envie.

Bref, un seul mot d'ordre : écoute-toi et surtout n'oublie pas que tu as parfaitement le droit de revenir sur ton choix quel qu'il soit !

ACCOUNCHER *sans péridurale :* POURQUOI IL FAUT S'Y PRÉPARER, *dans tous les cas.*

Je ne peux pas, bien sûr, évoquer toutes les raisons qui pousseront une femme à choisir d'accoucher avec ou sans péridurale. À vrai dire, chaque femme, mais aussi chaque grossesse, chaque bébé et donc chaque accouchement est différent, ce sont donc autant de circonstances et de choix qu'on fera à un instant T et qu'il serait mal avisé de juger. En revanche, il est absolument indispensable de se préparer à donner naissance à son bébé sans. Pourquoi ? Eh bien parce que même si, généralement, on peut y avoir recours, ce n'est pas toujours le cas.

LE MOT DU papa

Voir sa compagne souffrir sans pouvoir la soulager, ça peut être déroutant et très angoissant. Voilà pourquoi c'est important de se préparer à la soutenir, à connaître à l'avance quelques petits trucs pour se rendre utile le moment venu ! Massages, appuis, humour, musique… si tu y réfléchis en amont et que tu participes aux cours de préparation à la naissance, tu auras quelques clés en main pour ne pas te sentir complètement inutile le jour de l'accouchement. Une naissance, ça se prépare à deux.

Quand on n'a pas le temps d'arriver à la maternité

Depuis que tu es enceinte, tu as probablement lu ou entendu beaucoup d'histoires d'accouchement en voiture sur le chemin de la maternité. Tu te souviens de cette femme qui accouche sur la banquette arrière dans le film *Taxi*, sur le parking, devant l'hôpital ? C'est à peu près ce qui est arrivé à ma belle-sœur il y a tout juste quelques mois. Ça n'arrive pas qu'aux autres, qu'on se le dise. Le travail, même pour un premier enfant, va parfois bien plus vite qu'on ne l'imagine, et il arrive que les parents se retrouvent pris de court. **Le corps est parfois imprévisible, et évidemment, si on se retrouve à accoucher ailleurs qu'en milieu hospitalier, exit la sacro-sainte péridurale tant souhaitée !**

Quand l'anesthésiste n'est pas disponible

On est d'accord que ce peut être rageant et que, n'envisageant pas d'accoucher sans péridurale, tu auras peut-être envie d'étrangler l'anesthésiste au moment où tu le croiseras enfin. Mais il arrive que les salles de naissance soient toutes occupées, que toutes les mamans sur le point d'accoucher demandent une péridurale et que tu sois la dernière à l'avoir réclamée. Il peut aussi arriver que le bébé d'un autre couple se retrouve soudain en détresse fœtale et qu'une césarienne d'urgence soit indispensable. Dans ces circonstances, à moins que la structure dans laquelle tu accouches soit pourvue de plusieurs anesthésistes de garde, eh bien... tu n'auras peut-être pas le choix.

Quand la péridurale est mal dosée ou ne « fonctionne pas »

Là encore, tu pourrais bien avoir envie d'étriper l'anesthésiste, mais même si tu bénéficies d'une péridurale, rien, je dis bien RIEN ne garantit qu'elle ait l'effet escompté. Il arrive qu'elle ne fasse effet que d'un côté ou pas du tout. Il est important de ne pas oublier qu'il ne s'agit pas d'une science exacte... et que, dans certains cas, même si tu peux en disposer, elle ne soit pas efficace.

Les AVANTAGES de l'accouchement SANS PÉRIDURALE

L'avantage principal de la péridurale est simple : il atténue, voire élimine toute sensation de douleur. Pour certaines, c'est un vrai miracle, mais de plus en plus de femmes font le choix délibéré de ne pas en bénéficier, et ce choix aussi a ses avantages. De multiples avantages même, dont je tenais à te parler, puisque – j'en ai été la première surprise – bien qu'ayant toujours pensé choisir l'accouchement sans douleur, une fois enceinte, j'ai finalement changé radicalement d'avis et ai donné naissance à mes deux premiers bébés sans péridurale.

On reste libre de ses mouvements du début à la fin

Au cours des séances de préparation à la naissance, tu as peut-être déjà entendu la sage-femme conseiller de bouger, de marcher, de se balancer sur un ballon ou de prendre un bain pour permettre au corps de mieux « travailler » et au bébé de bien amorcer sa descente dans le bassin. Ces exercices de mobilité sont effectivement efficaces pour rendre la phase de travail plus productive, sauf que la péridurale est très rarement proposée en ambulatoire et nécessite la pose d'une perfusion. Ce qui implique donc de rester alitée ou, du moins, confinée dans une chambre (et généralement sous monitoring pour vérifier que bébé tolère bien tout ça). Exit donc la liberté de mouvement. Sans péridurale, tu pourras continuer de bouger à ta guise, prendre une douche, faire le tour de l'hôpital et même, si les sages-femmes t'y autorisent, rentrer quelques heures chez toi pour laisser le col se dilater.

Le travail est souvent plus court

Parce qu'entre autres, justement, tu restes libre de te déplacer, et donc de choisir des mouvements favorisant la dilatation du col et la descente de bébé, le travail, quand on n'est pas sous péridurale, est bien souvent plus rapide. Lors d'un accouchement naturel, le corps produit de l'ocytocine (responsable des contractions de l'utérus), mais il arrive que la pose d'une péridurale interfère avec le processus naturel de l'accouchement et conduise à ralentir les contractions et à les rendre moins efficaces.

Si tu n'as pas de péridurale, il est fort probable qu'à un certain moment, tu sentes littéralement bébé « glisser » en bas de ton ventre et perçoives cette étonnante sensation qu'il est vraiment à deux doigts de se retrouver entre tes jambes – pour avoir vécu ça, je peux te dire que ça surprend et que ça donne un sacré sentiment de satisfaction que de se dire qu'on y est presque !

Les poussées sont souvent mieux gérées et plus efficaces

Ma mère m'a raconté à plusieurs reprises qu'elle avait été déçue de sa péridurale parce qu'elle avait été un peu trop dosée et qu'en conséquence, elle n'avait pas vraiment compris quand et comment pousser. Et ça aussi, c'est un témoignage très courant, même si, fort heureusement, de plus en plus d'anesthésistes arrivent à doser les produits anesthésiants pour assurer un maximum de sensations. Tu t'en doutes, lorsqu'on « ressent tout », on comprend mieux ce qui se passe dans son corps et ça devient évident de savoir où et comment pousser. Ce n'est pas glamour, mais quand le bébé est vraiment sur le point d'être mis au monde, la sensation est similaire à celle qu'on ressent quand on a besoin d'aller aux toilettes. Il appuie en fait précisément à l'endroit où il va te gêner, et ce besoin de pousser, quand il n'est pas amoindri par la péridurale, va se faire pressant et urgent. De manière tout à fait naturelle et physiologique, c'est alors « là » que tu vas pousser pour l'expulser efficacement.

On récupère plus vite

Pour l'avoir vécu, je peux te confirmer que c'est vrai à 100 % ! Sans péridurale, on récupère si vite qu'on peut se lever et marcher sans difficulté après la naissance. Et ça peut sembler dérisoire, mais crois-moi, quand tu viens de sortir un être humain de ton ventre, tu as de la sueur sur le front et une irrésistible envie de prendre une douche (c'est la première chose que j'ai faite quand je suis retournée dans ma chambre !). Pendant les cours de préparation à la naissance et lors de la visite de la maternité, on avait croisé des mamans qui ressortaient de la salle de naissance sur un brancard ou un lit à roulettes – la péridurale empêchant de se tenir sur ses deux jambes plusieurs heures encore après la naissance. Moi qui n'en ai pas eu, j'ai eu le plaisir de me lever, de prendre mon bébé dans les bras et de le ramener jusqu'à ma chambre, à pied !

Il est bon de savoir aussi que, lorsqu'on accouche sans péridurale, notre corps libère une grande quantité d'endorphines (les hormones du bonheur, tu connais ?) qui non seulement ont le pouvoir de calmer la douleur, mais aussi d'apporter une sensation de bien-être absolu qui pourra même te rendre euphorique un moment (moi, j'ai eu des crises de fou rire après mes deux premiers accouchements, aucune larme, mais des rires à n'en plus finir !). Paradoxalement, le corps d'une femme ne peut pas libérer autant d'hormones naturelles nécessaires à la récupération quand un médicament contre la douleur est utilisé.

POURQUOI *j'ai souhaité* ACCOUCHER *sans péridurale*

Je reconnais qu'en fin de compte, il me manque une expérience avec péridurale, puisque je ne peux pas comparer ni te parler de ce qu'on éprouve et comment ça se passe lorsqu'on en a une. Je ne regrette pas pour autant de ne pas avoir cette expérience-là. J'ai donc accouché, les deux premières fois, sans péridurale, et pour ce troisième bébé qui « squatte » encore mon bidon au moment où je t'écris, je souhaite faire de même. Pourtant, comme je l'ai dit plus tôt, avant d'avoir des enfants, j'étais la première convaincue que non seulement je ne supporterais pas la douleur, mais qu'en plus, il fallait être « maso » pour choisir délibérément de souffrir quand on pouvait être soulagée médicalement. Alors, finalement, pourquoi ai-je accouché sans péridurale ? Qu'est-ce qui m'a fait changer d'avis ?

Même si les avantages de l'accouchement sans péridurale que je t'ai listés précédemment auraient pu être des arguments de poids pour me convaincre, je mentirais si je te disais que ce sont eux qui m'ont poussée à faire ce choix. Parce que, la vraie raison, je ne la connais pas. J'avais beau avoir conscience de ces faits avant de tomber enceinte (puisque, pour rappel, je lis de la littérature consacrée à la grossesse depuis mes 12 ans), c'est pendant la grossesse que tout a changé. Je ne sais plus très bien quand précisément, mais ce qui est certain, c'est que me passer de péridurale était déjà une idée bien ancrée dans ma tête quand on a commencé les cours classiques de préparation à la naissance.

Et ce qui me motivait plus que tout – ce qui était peut-être même le seul argument qui me poussait à tout faire pour ne pas y avoir recours –, c'était une sorte de besoin soudain et irrépressible de ne donner à ce bébé que du naturel. En fait, plus ma grossesse avançait, plus je me suis mise à consommer des aliments bio, à bouder jusqu'à mes comprimés de paracétamol, à éviter les produits transformés et les cosmétiques trop « chimiques ». Je ne sais pas expliquer vraiment d'où ça venait, je n'ai même pas souvenir d'être tombée sur un article ou une émission qui mettait à ce point le naturel en avant.

C'était le challenge QUE JE ME LANÇAIS À MOI-MÊME.

Pourtant, c'était devenu comme une évidence, et plus j'approchais du terme de ma grossesse, plus j'en étais convaincue : je voulais faire tout mon possible pour avoir recours à un minimum de médicaments et autres anesthésiques.

À noter toutefois : puisque c'était mon premier bébé et qu'en conséquence, il m'était évidemment impossible d'anticiper ce qui m'attendait, ni le niveau de douleur qu'impliquerait mon accouchement, je n'ai jamais considéré la péridurale comme quelque chose à éviter à tout prix. Loin de basculer dans une obsession du naturel, je me suis dit, du début à la fin, que ça restait une option que je gardais, comme un joker, au cas où les choses devenaient insupportables. C'est-à-dire que, même si je voulais médicaliser le moins possible ma grossesse et mon accouchement, ma priorité était de tout mettre en œuvre pour que ce moment reste un bon moment et se transforme en un souvenir agréable.

Il y a une seconde raison qui m'a poussée à accoucher sans péridurale. Celle-ci s'est manifestée tard, beaucoup plus tard même, peut-être quelques semaines, voire quelques jours seulement avant que je n'accouche. C'était le challenge que je me lançais à moi-même. Moi, la petite fille qu'on qualifiait souvent de chochotte, la jeune femme terrassée par un rhume en moins de deux, je me suis réveillée un beau matin avec l'envie folle de clouer le bec à tout le monde, certes, mais surtout de me prouver à moi-même que j'en étais capable. Je voulais voir si mon corps, théoriquement « programmé par la nature » pour mettre au monde un enfant sans rien d'autre que sa force, était vraiment capable de faire ça seul. Je voulais me dépasser, je voulais aller au bout de moi-même.

Dans mon esprit, accoucher sans péridurale, c'était un peu comme sauter à l'élastique : j'avais une bouffée d'adrénaline à chaque fois que j'y pensais, un mélange d'impatience folle mêlée à une trouille étrangement tentante.

UNE AFFAIRE DRÔLEMENT DÉLICATE, TOUT DE MÊME…

Nombreux sont les sketchs et films dans lesquels les femmes qui veulent accoucher sans péridurale passent pour des marginales ou des hippies. En France, le taux de péridurales lors des accouchements figure parmi les plus élevés du monde, avec près de huit femmes sur dix qui en bénéficient. Devant de tels chiffres, forcément, certains se permettent de se moquer du choix de celles qui n'en veulent pas. À côté de ça, dans d'autres pays, comme le Royaume-Uni, la majorité des femmes se préparent à accoucher sans péridurale. Parmi les plus célèbres d'entre elles, Kate Middleton (oui, encore elle, je sais !), qui s'est vue qualifiée de « surhumaine » par certains médias. Pourquoi donc autant de naissances sous péridurale chez nous ?

Sans surprise, parce qu'en France, lorsqu'on arrive à un stade du travail où elle est possible, la péridurale est proposée de façon quasi systématique. Une future maman qui ne se serait pas particulièrement informée sur la question va, en toute logique, suivre les conseils et recommandations du personnel médical, elle en oubliera probablement qu'elle n'est en aucune façon tenue de bénéficier d'une péridurale ni d'autres techniques médicales qu'elle est en droit de refuser. Dans un contexte où on fait confiance à l'obstétrique, cette incitation pourra en pousser certaines à penser que, si c'est ce qu'on leur recommande, alors c'est aussi ce qui assure le mieux leur sécurité.

Plus dérangeant encore selon moi : pour l'avoir vécu, même quand on a indiqué sur son projet de naissance qu'on n'en souhaitait pas, les sages-femmes, trop habituées à cette pratique, viennent souvent la proposer sans parfois même avoir pensé à jeter un œil au projet de naissance. Dès qu'elles en ont connaissance, elles devraient se rallier tout de suite au choix de la femme, l'accompagner et la motiver au maximum pour qu'elle puisse concrétiser son souhait. Ça peut sembler exagéré, mais je peux te dire que, quand une contraction particulièrement forte te fait un peu tourner la tête et que quelqu'un te propose une péridurale, ça fait un peu le même effet que lorsqu'on te met un paquet de chips entre les mains alors que tu es fière de te tenir à un régime strict depuis un mois.

MON AVIS EN BREF

Les femmes qui accouchent délibérément sans péridurale sont-elles « maso » ? Avec du recul et du vécu, je pense pouvoir affirmer que non. Non, parce qu'un accouchement n'a rien à voir avec un rendez-vous chez le dentiste : on n'est pas vissé à un siège et résigné à subir une douleur atroce. Ce qui se trame en nous est bien différent, cette douleur est bien présente, mais pas forcément insupportable et, par-dessus tout, elle accompagne la naissance de notre enfant. En étant bien préparée et bien accompagnée, non seulement il est possible de s'en détacher, mais rares sont celles qui regrettent d'avoir fait ce choix – **accoucher n'est pas une pathologie, c'est donner la vie.**

Or, ***choisir d'accoucher sans péridurale, c'est aussi une façon de prendre confiance en soi et en son corps,*** *mine de rien. Du moins pour ma part, ça a été une révélation. Je peux te garantir qu'après avoir eu mon premier enfant sans péridurale, je me suis sentie comme une guerrière. Accoucher naturellement m'a donné confiance en moi, c'est un challenge que j'ai adoré relever, un incroyable dépassement, la sensation d'avoir pleinement vécu et d'avoir été actrice de la naissance de mon fils du début à la fin.*

Alors, certes, la médicalisation d'une grossesse et d'une naissance comporte de nombreux avantages lorsque les grossesses sont dites « à risque » ou qu'on ne supporte pas la douleur. Ça permet de vivre une naissance plus sécurisée et plus sereine, et personne ne devrait juger d'un œil critique celles qui préfèrent avoir une péridurale. C'est un outil qui peut être extraordinaire lorsqu'il est demandé par la maman et pratiqué à bon escient. Cette anesthésie peut même changer un accouchement très difficile en un moment de bonheur, ce qui n'a pas de prix.

Parallèlement, il est dommage d'entendre des femmes qui souhaitaient s'en passer finalement annoncer « en fait, je n'en suis pas capable, je n'y arriverai jamais ». La vérité, c'est qu'il n'y a pas de mères incapables, il n'y a que de mauvais accompagnements. Alors, pour mettre toutes les chances de ton côté, j'insiste : si tu souhaites tenter l'accouchement sans péridurale, renseigne-toi sur les méthodes qui te permettront d'endurer les contractions naturellement, parles-en aux sages-femmes que tu croiseras pendant ta grossesse, indique-le sur ton projet de naissance et répète-le à ton arrivée à la maternité le jour J. Accoucher sans péridurale, c'est possible et ça se passe souvent très bien pourvu qu'on sache un minimum à quoi s'attendre et surtout que l'équipe médicale mette tout en œuvre pour te proposer des alternatives, t'aider à gérer la douleur et te remotiver si, à un moment, tu as envie de baisser les bras.

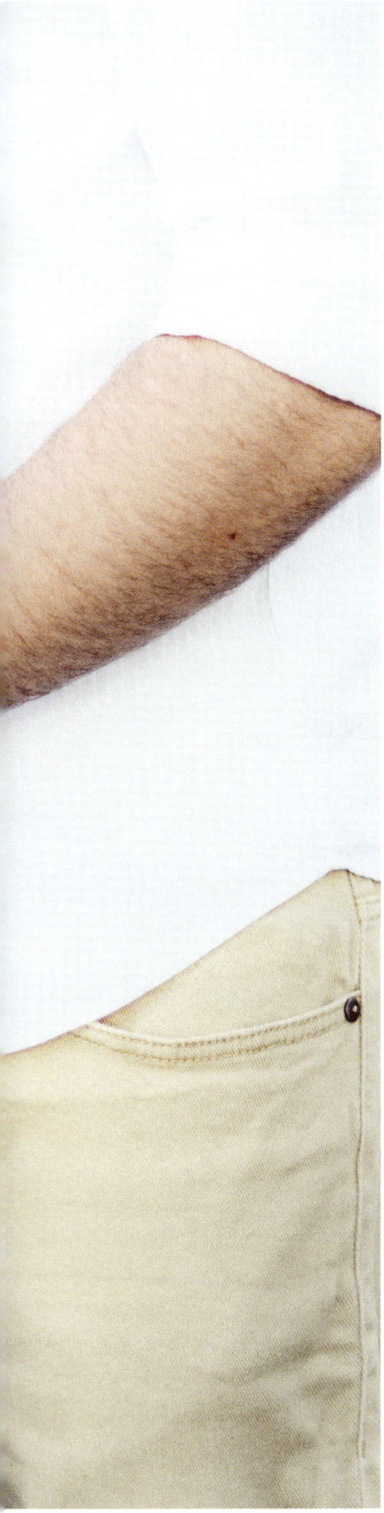

Se préparer à une NAISSANCE PAR CÉSARIENNE

Pour être honnête, si je n'ai pas abordé mes accouchements en ayant peur de souffrir, j'ai toujours eu peur d'avoir une césarienne. À mes yeux, pendant longtemps, cette intervention était synonyme d'échec, c'était le contraire de l'accouchement conscient et actif, l'opposé du naturel. Qui plus est, la quantité de témoignages de femmes racontant leur césarienne comme les ayant privées de leur véritable accouchement m'a toujours donné le cafard. Très rares sont celles qui s'accommodent à cette idée dès le début de la grossesse, et pourtant, il est indispensable de s'y préparer, puisque ça concerne quand même une naissance sur cinq. Mais avec le temps, mon avis sur la question a bien changé, et enceinte de mon troisième bébé, je pense pouvoir dire que si je devais accoucher par césarienne, ma foi, ce serait pour le bien de tout le monde.

Malgré tout, il est difficile de ne pas appréhender une césarienne quand on n'a pas d'idée bien définie de ce que c'est et de la façon dont ça se déroule. Tout comme une naissance sans péridurale, je pense que, pour aborder cette étape dans la sérénité, il suffit simplement d'être bien informée !

La césarienne, c'est quoi ?

Il s'agit d'une intervention chirurgicale (donc au bloc opératoire et non pas en salle d'accouchement) qui consiste à faire naître le bébé par ce qu'on appelle la « voie haute » (alors qu'un accouchement par les voies naturelles est qualifié de « voie basse »), en pratiquant une incision de l'utérus, en bas du ventre.

La césarienne, pourquoi ?

Il existe plusieurs facteurs qui vont pousser un obstétricien à pratiquer une césarienne. Par exemple : si le poids du bébé est estimé trop important ou si le bassin de la mère est jugé trop étroit pour un accouchement classique.
Il arrive aussi que le placenta recouvre le col de l'utérus et gêne considérablement le passage du bébé (on parle de « placenta praevia ») : cette configuration peut être à l'origine d'une importante hémorragie au cours de la naissance, pouvant nécessiter une césarienne.
Autre cause moins connue, mais pas moins valable : l'herpès génital, contagieux, qui peut être transmis à l'enfant au moment de l'expulsion. Ensuite, malheureusement, en moyenne 5 % des bébés se présentent en siège, position qui rend une naissance par voie basse très délicate, voire carrément problématique. Dans ce cas-là aussi, une césarienne sera proposée afin de faciliter la naissance.
Enfin, quand des complications lors de l'accouchement se mettent à fatiguer outre mesure le bébé, la césarienne d'urgence est de rigueur.

LA CÉSARIENNE *permet d'éviter* À CE QU'UN ACCOUCHEMENT *se termine mal.*

Quand la césarienne est programmée

Aujourd'hui, près de la moitié des césariennes sont programmées, entre autres grâce aux échographies et aux scanners qui permettent d'évaluer la taille, le poids et la position du fœtus ainsi que celle du placenta. La plupart des paramètres qui risquent de rendre la naissance impossible ou trop compliquée par voie basse sont généralement anticipés par ces examens.

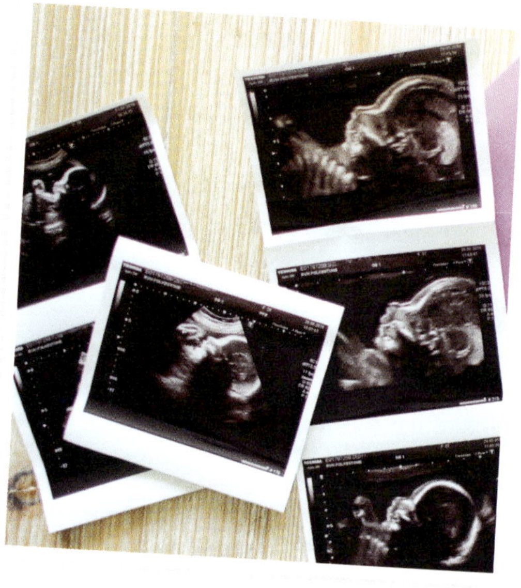

Quand la césarienne est faite en urgence

Il arrive que le col de l'utérus ne se dilate pas suffisamment et que le travail ne progresse pas (on appelle ça la « dystocie »), ne permettant pas au bébé de descendre assez dans le bassin pour permettre des poussées efficaces. De même, il arrive qu'après de longues heures de travail (qui fatiguent évidemment la maman, mais qui sont éprouvantes aussi pour le bébé), le rythme cardiaque de l'enfant s'altère brutalement, c'est une situation d'urgence. Ou parfois, le bébé se présente par le front (c'est-à-dire le visage face à la sortie), ce qui rend la naissance impossible par les voies naturelles. Il devient alors nécessaire de mettre rapidement un terme à l'accouchement, et donc de pratiquer une césarienne.

Un moment déstabilisant quand on ne sait pas à quoi s'attendre

Cinq ou six personnes entrent tout à coup dans la pièce, tout le monde semble pressé, on t'embarque illico presto au bloc opératoire… ça peut être carrément flippant sur le coup, et pourtant, cette procédure, bien qu'impressionnante, est très bien rodée et ne veut pas dire pour autant que quelqu'un va mourir ! Cela dit, comprendre qu'on s'apprête à nous faire une césarienne alors qu'on a passé des heures à encaisser des contractions pour accoucher par voie basse, ça peut décevoir, voire effrayer.

Pas de panique, ça va bien se passer !

La césarienne est une véritable prouesse médicale qu'il vaut mieux accueillir comme un moyen de préserver la santé du bébé. N'oublie pas qu'il s'agit là d'une mesure de routine pour l'équipe de la salle de naissance, c'est une opération courante qu'ils réalisent chaque semaine et qui ne dure que 30 à 40 minutes au maximum. Effectivement, tout le monde s'affaire autour de toi et c'est très différent d'un accouchement classique comme on l'imagine, mais ce qui compte, c'est que bébé et toi soyez bien entourés quelle que soit la situation.

Comment ça se passe concrètement ?

On va te poser une anesthésie (souvent une péridurale, tu garderas donc toute ta tête et tes sensations sur le haut du corps), puis t'installer sur le dos, les bras écartés (en croix), les jambes attachées (car sous l'effet de l'anesthésie, tes pieds vont « retomber » de chaque côté, ce qui ne faciliterait pas le travail du chirurgien).

Une fois le bas du corps insensibilisé, on te mettra également une sonde urinaire pour que la vessie ne gêne pas l'intervention si elle se remplissait pendant cet intervalle de temps. En quelques minutes seulement, le chirurgien va inciser la peau, les muscles, puis l'utérus, en sortir bébé, puis le placenta. La plupart du temps, il refermera rapidement et avec des agrafes qui ne laisseront pas de vilaine cicatrice.

Va-t-on emmener bébé loin de toi ?

Si tout va bien, non ! Il est même de plus en plus fréquent de laisser bébé en peau à peau avec toi pendant une quinzaine de minutes, vous aurez donc le temps de faire tranquillement connaissance. Passé ce délai, malheureusement, comme il fait très froid pour lui au bloc opératoire (18 °C en moyenne), il devra sortir pour ne pas prendre froid, les nouveau-nés ne pouvant pas réguler leur température eux-mêmes.

LE MOT DU papa

Une césarienne se profile ? La maman peut parfois être tellement surprise ou déçue qu'elle en oubliera de demander si vous pouvez l'accompagner. N'hésitez pas à vous manifester auprès des sages-femmes pour ne pas vous retrouver à attendre dans le couloir, vous avez votre place dans cette aventure ! Et surtout, même si c'est votre premier et qu'un tout-petit semble si fragile, ne vous retenez pas de le prendre en peau à peau. Vous pourriez bien être le premier à être surpris de la sensation de calme et de bonheur absolu qui vous envahira !

Et le papa, dans tout ça ?

C'est là qu'il intervient, justement ! Dans de nombreuses maternités, sa présence est la bienvenue au bloc, mais pour les rares où ce n'est pas le cas, je t'invite fortement à indiquer ce souhait dans ton projet de naissance et à le répéter à ton arrivée à la maternité. N'ayez pas peur de vous répéter : même si une césarienne est un acte médical, cela n'en reste pas moins la naissance de votre enfant, vous avez le droit d'y participer et de l'accueillir à deux !

Le papa reste généralement près de toi et pourra vivre cette naissance à tes côtés. Bonus ? Puisque, le temps que l'équipe médicale termine tes soins et te ramène en salle de réveil, bébé aura besoin de câlins, il pourra le prendre en peau à peau contre lui ! C'est vraiment un moment à ne pas manquer, puisque les premières minutes et heures d'un nourrisson sont celles au cours desquelles il va développer un puissant lien émotionnel avec ses parents. Sa maman sera bientôt là, mais son papa, il le connaît aussi, il se souvient de sa voix qu'il a entendue pendant toute la grossesse, et être à son contact va l'apaiser, le rassurer. Beaucoup de papas qui expérimentent le peau à peau avec leur bébé sont souvent surpris de la facilité avec laquelle leur bout'chou se blottit contre eux et se détend instantanément.

Les suites opératoires après une césarienne

Évidemment, le corps est un peu plus sollicité pour une césarienne que pour un accouchement par voie basse (ça reste malgré tout une chirurgie), l'hospitalisation qui s'ensuit sera donc un peu plus longue (4 à 10 jours selon comment tu te remets et selon la maternité). Une fois rentrée à la maison, il faudra y aller tout doux et prendre le temps de te reposer au maximum (un coup de main du papa ou de tes proches ne sera pas de trop), la fatigue étant bien souvent plus importante après un tel accouchement. Quant à la cicatrice, elle pourra être sensible pendant quelques jours, voire douloureuse – et c'est tout à fait normal, bien qu'il ne faille pas hésiter à en parler à ta sage-femme. Ne t'en fais pas, elle sera quasiment invisible au bout de quelques mois !

En bref : la césarienne n'est pas une complication de l'accouchement, mais permet d'éviter qu'un accouchement se termine mal. On peut s'estimer heureuses de pouvoir en bénéficier quand c'est nécessaire, le but étant de préserver ta santé et celle de ton bébé. Alors, que ce soit programmé ou non, même si ce n'est pas l'accouchement dont tu as rêvé, regarde les choses du bon côté : l'essentiel est que vous alliez bien tous les deux, non ?

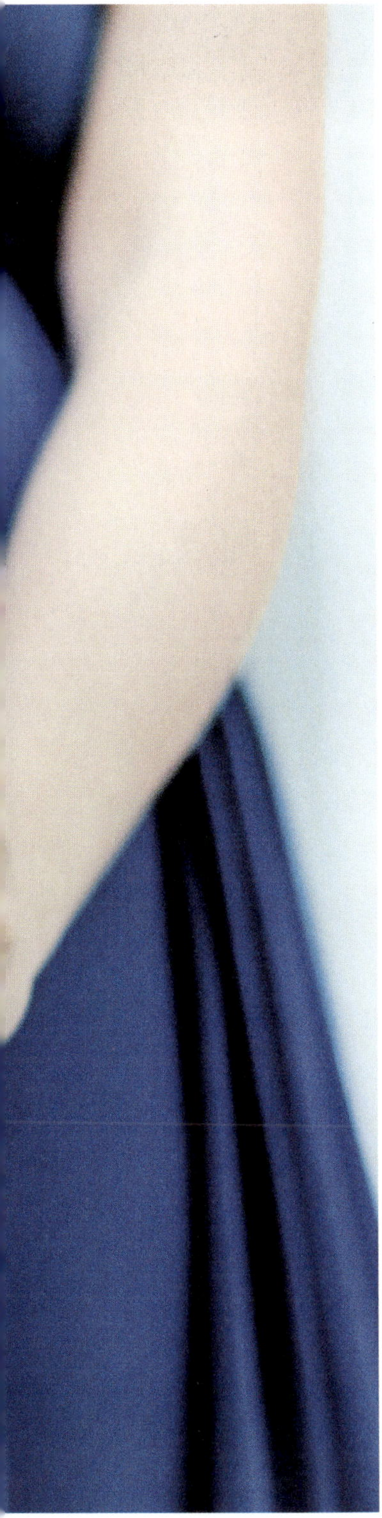

L'accouchement en 6 ÉTAPES

Tu ne le sais pas encore, mais ça y est, ton corps se met en marche, le moment tant attendu, imaginé, rêvé ou redouté, est pour bientôt. Jusque-là, si ta grossesse s'est passée sans accroc, le col de l'utérus était bien fermé. Mais voilà qu'imperceptiblement, il commence à se raccourcir, s'assouplir et se dilater. La grossesse touche à sa fin, ça y est, tu vas bientôt rencontrer ton bébé.

À ce stade, si tu as participé aux cours de préparation à la naissance, théoriquement, tu as déjà une idée assez précise du déroulé des choses. Mais au cas où ce serait encore un peu obscur dans ton esprit, voilà un bref rappel des 6 étapes majeures de l'accouchement, tout du moins lorsqu'il se déroule de façon plutôt « classique », puisque, rappelons-le une fois encore, la grossesse, la naissance et la maternité, ce n'est jamais figé ni prévisible !

1

Le bouchon muqueux

Juste avant que le processus de l'accouchement démarre bel et bien, il se pourrait que tu perdes un amas de vaisseaux à l'aspect un peu visqueux. Ce n'est pas ragoûtant du tout, mais pas de panique, ce n'est pas non plus le signe du moindre problème ! Le « bouchon muqueux », comme son nom l'indique, est un bouchon formé de mucus qui ferme le col de l'utérus pendant la grossesse. Si tu le retrouves au fond de ta culotte ou des toilettes, c'est que ton col a commencé à se dilater, et donc que ton corps se prépare. Inutile de s'emballer pour autant, il peut être expulsé plusieurs jours avant l'accouchement, ce n'est donc pas un repère très fiable, même si c'est la preuve que les choses se mettent tout doucement en place... Ne t'inquiète pas non plus si tu n'en vois jamais la couleur (sans mauvais jeu de mots) : beaucoup de femmes ne se rendent même pas compte qu'elles l'ont perdu !

LE MOT DU papa

Messieurs, c'est le moment de faire un bref crochet par la boulangerie pour vous prendre un sandwich ! Si c'est bel et bien la naissance de votre bébé qui s'annonce, votre compagne aura probablement besoin de vous non-stop à ses côtés et, si elle ne sera pas autorisée à se restaurer, autant que vous ayez assez de calories à brûler pour être le roc dont elle va avoir besoin.

2 Avant de partir à la maternité

Le début de cette folle aventure commence bien entendu par des contractions. Tu en as probablement déjà ressenti quelques-unes de temps à autre pendant ta grossesse. Une contraction, c'est tout simplement le ventre qui durcit pendant quelques secondes. Celles que tu as peut-être déjà expérimentées étaient de fréquence variable et ne te dérangeaient pas plus que ça. Mais depuis quelques minutes, tu les ressens drôlement plus régulièrement et... on ne peut pas dire qu'elles te décrochent des larmes ou un cri de douleur, mais quand même, ça te titille, peut-être juste assez pour t'empêcher de dormir si c'est la nuit. L'heure tourne, et ces contractions sont de plus en plus rapprochées, régulières, et durent plus longtemps. Avec une intensité qui monte et qui redescend comme de grosses vagues qui vont et viennent, elles te coupent un peu le souffle, tu commences à les trouver un peu douloureuses même si elles sont supportables. Si ton amoureux n'est pas dans les parages, passe-lui un petit coup de fil, il se pourrait que sa journée de boulot se termine plus tôt que prévu aujourd'hui.
Si c'est ton premier bébé, tu te demandes peut-être si ça n'est pas ton esprit qui te joue des tours. Si tu as déjà vécu un accouchement, tu sais probablement que cette fois, ça y est, le compte à rebours est lancé : ces signes sont la preuve que « le travail » a commencé. Quand les contractions sont très rapprochées (toutes les 3 à 5 minutes) et durent depuis au moins une heure, c'est le moment de partir pour la maternité. Autre signe qui n'est pas systématique : la perte des eaux. Même si cet événement n'engendre pas de contractions, c'est l'heure de prendre une douche, ta valise et de partir sans tarder à la maternité, car bébé n'est plus protégé des infections et une surveillance médicale devient nécessaire.

LE MOT DU papa

Si on ne « sent » pas la sage-femme qui s'occupe de nous, autant prendre les devants et demander à l'équipe d'être suivis par quelqu'un d'autre. Ce peut être très intimidant, mais être accompagnés par la mauvaise personne, ça peut gâcher ce moment unique. Alors on rassure sa femme et on se rapproche de l'équipe qui enverra une autre sage-femme vous suivre pendant le reste de l'accouchement.

3 L'arrivée à la maternité

Tu seras accueillie par une sage-femme de garde, qui t'installera dans une salle d'examen pour vérifier si le travail a bel et bien commencé (puisque les « fausses alertes » sont courantes). L'examen le plus rapide et efficace pour en juger est un toucher vaginal qui lui permettra de connaître instantanément le degré d'ouverture de ton col. Peut-être te mettra-t-elle sous monitoring pour comptabiliser les contractions, leur intensité et garder un œil sur le cœur de bébé. Probablement qu'elle prendra aussi ta tension, te fera faire un test urinaire et palpera ton ventre pour vérifier la position de bébé.

N'hésite surtout pas à lui demander ce qu'elle s'apprête à faire : il s'agit de ton corps, ta grossesse, ton bébé, ton accouchement. Même si on est souvent impressionné par les divers appareils et le personnel médical (qui semble souvent plus au courant de ce qui se passe dans nos entrailles qu'on ne l'est soi-même), il n'empêche que c'est ton droit fondamental de demander qu'on t'explique ce qui se passe, d'être accompagnée et rassurée.

Après avoir fait un petit check-up, la sage-femme pourra te confirmer si tu es en travail, en bref, si c'est pour aujourd'hui. Dans ce cas, respire un bon coup et serre fort la main de ton amoureux : ça y est, vous touchez au but, encore quelques heures et bébé sera là, dans tes bras. Direction la salle de naissance.

4

En salle de naissance

Si elle ne l'a pas déjà fait, la sage-femme t'installera sur le lit et posera sur ton ventre la fameuse ceinture-monitoring pour surveiller le cœur de bébé, la durée et la fréquence des contractions. Une infirmière viendra sans doute te rendre visite pour te poser un cathéter (généralement sur la main), au cas où l'équipe médicale ait besoin de te perfuser pendant l'accouchement. Perso, c'est un peu le seul truc que je n'ai pas supporté pour mon premier accouchement (ça m'a fait drôlement mal quand l'aiguille a percé ma peau), du coup, pour le deuxième, j'ai demandé à ce qu'on ne me mette pas de cathéter, surtout que je n'en avais pas eu besoin la première fois (voir « Le projet de naissance », p. 147).

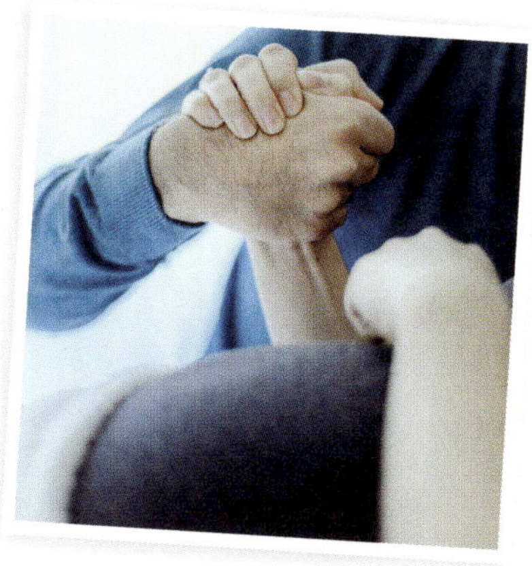

Bon, et maintenant ? Tu te retrouves nez à nez avec ton homme, probablement un peu paumés si c'est le premier, et les contractions sont de plus en plus intenses. Si tu as la chance d'être dans une salle de naissance dite « physiologique », à toi la lumière tamisée, le ballon, le canapé et la baignoire. Tant que tu n'es pas sous péridurale, bouge et détends-toi. Plus facile à dire qu'à faire, évidemment, quand les contractions deviennent fortes et douloureuses (jusqu'à couper un peu le souffle et empêcher de marcher), mais plus tu resteras en mouvement, plus les choses iront vite. La tête du bébé, quand on n'est pas allongé, appuie naturellement sur le col et en favorise donc la dilatation. La chaleur d'un bon bain te permettra sans doute aussi de récupérer un peu. Pour l'avoir testé, ça a vraiment un effet relaxant qui semble même atténuer la douleur ; ne te prive donc pas d'aller faire trempette ! L'attente peut durer une heure, une journée entière (ou plus !), la durée moyenne d'un premier accouchement est d'environ 13 heures, et de 8 heures pour les suivants. Ce n'est qu'une moyenne, pas une règle absolue évidemment, c'est très variable selon les femmes et selon les bébés, mais ça donne un repère. Il va donc falloir t'occuper pendant tout ce temps. C'est là que la musique, les jeux et autres passe-temps que tu as glissés dans ta valise vont se révéler utiles. Si tu bénéficies d'une péridurale (tu peux la demander à partir de 2 à 3 cm de dilatation), tu prendras sûrement un moment pour dormir un peu et te reposer avant le moment fatidique de la poussée. Si tu ne peux pas en bénéficier ou si tu as choisi de t'en passer, tout ce qui pourra détourner ton attention de la douleur des contractions sera le bienvenu ! À vous le reggae, la visite détaillée de chaque recoin de la maternité, le jeu de cartes, le film à suspense, le nouvel épisode de ta série préférée… ce qui est assez amusant, c'est que tout ce que tu feras au cours de cette journée a des chances de rester gravé dans ta mémoire pour la vie. J'en ai la preuve : je ne regarderai jamais *La Nuit au musée 2* d'un œil tout à fait détaché, puisque c'est le film qu'on a décidé de regarder quand j'étais sur le point d'accoucher de mon petit deuxième. Vous allez vous créer des souvenirs, ce jour-là !

Toutes les heures, la sage-femme viendra surveiller la dilatation de ton col, pour déterminer l'avancement du travail. Si la poche des eaux ne s'est pas rompue, on la percera avec une sorte de grosse aiguille à tricoter, ce n'est pas du tout douloureux ; pour l'avoir vécu deux fois, il n'y a aucune crainte à avoir, promis. En général, cela permet au bébé de descendre beaucoup plus vite dans le bassin.

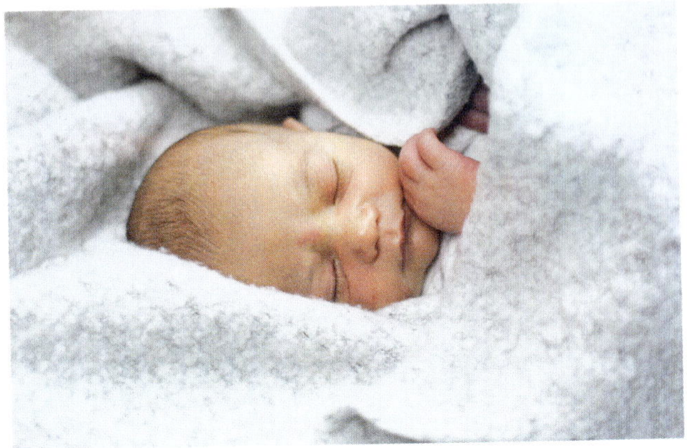

5 L'expulsion

Lorsque le col est totalement dilaté (c'est-à-dire à 10 cm), c'est le moment de pousser. Courage, tu touches au but, c'est l'avant-dernière étape de ce marathon, le sprint final avant la médaille (et quelle médaille !).

On imagine souvent que cette étape est la plus longue de l'accouchement alors qu'elle dure généralement 15 à 30 minutes – c'est du rapide et c'est très chargé en émotion ! Selon ton projet de naissance et les habitudes de l'équipe médicale, tu seras en position gynécologique (allongée sur le lit, les pieds dans les étriers), allongée sur le côté ou accroupie. Lorsque bébé est suffisamment engagé dans ton bassin et que les contractions sont assez efficaces pour commencer à pousser, tu entendras le top départ de la sage-femme : c'est le moment de te souvenir de ce que tu as appris en cours de préparation à la naissance, il faut pousser bien en bas (là où tu sens que ça te gêne, ce que tu percevras très nettement si tu n'es pas sous péridurale) et avec force. Tu pousseras pendant une contraction, de façon à accompagner ton bébé vers la sortie. En général, si la tête du bébé n'est pas déjà « là » avant la première poussée, en deux ou trois fois, on apercevra déjà les cheveux, puis la tête ! À ce moment-là, la sage-femme te demandera probablement d'arrêter de pousser quelques instants, car si tu poussais immédiatement dès que la tête se présentait, ça pourrait mettre ton périnée à rude épreuve et provoquer une ou plusieurs déchirures... Elle va donc dégager doucement la tête, te demandera sans doute de pousser une fois encore, laissera passer les épaules et ensuite... c'est le toboggan, bébé glisse et, si tu le souhaites, tu pourras même l'attraper toi-même ! Félicitations, te voilà officiellement maman !

6 La délivrance

C'est un flot d'émotion qui t'envahit à l'écoute de ses premières vocalises. Puis, blotti en peau à peau tout contre toi, ton nouveau-né retrouve son calme, se rassure et ouvre de grands yeux curieux vers son papa et sa maman. C'est la magie de la rencontre, le miracle de la vie. Mais l'accouchement n'est pas tout à fait fini.

Il reste en effet une dernière étape qu'on appelle « la délivrance » et qui est de première importance : c'est l'expulsion du placenta. Trop occupée à dévorer du regard ce petit être que tu as imaginé pendant plus ou moins 9 mois, tu ne remarques probablement pas les contractions qui reprennent. Mais il est possible que tu les ressentes, ainsi qu'une gêne qui te donnera peut-être de nouveau envie de pousser. Ces contractions ne sont en général pas douloureuses et surtout sont parfaitement normales : elles vont permettre au placenta de se détacher de la paroi utérine. La sage-femme sera très attentive à cette étape cruciale de la naissance qui doit survenir rapidement après la sortie du bébé.

Le placenta étant formé d'une masse de petits lobes rouges fortement vascularisés, il faut impérativement vérifier qu'aucun n'est resté à l'intérieur ! Il faut intervenir sans tarder, car s'ils stagnent dans l'utérus après la naissance, ils l'empêcheront de se rétracter convenablement et de refermer les vaisseaux qui le parcourent, ce qui conduit à un risque d'hémorragie. D'ailleurs, ne t'en fais pas si, tout à coup, la sage-femme se met à appuyer fortement sur ton ventre afin de favoriser l'expulsion. Une fois le placenta évacué, elle l'examinera très attentivement de façon à vérifier qu'il est entier, membranes comprises. Tu es curieuse et aimerais voir à quoi ça ressemble ? Une fois de plus, tu en as le droit ! Ne te sens pas mal à l'aise de demander à y jeter un œil, après tout, ça t'appartient et c'est assez instructif quand on n'a pas la phobie du sang ou des abats (dans certaines cultures, les femmes le mangent...). Pour te donner une idée, sache que le placenta ressemble à un gros steak très saignant et pèse environ 300 g, tout de même !

Et voilà, cette longue aventure de la grossesse touche à sa fin, c'est le moment des premiers câlins, du premier peau à peau, de la première tétée. La naissance, c'est l'aboutissement de la grossesse, c'est aussi le moment de la rencontre avec l'enfant, le début d'un cocon familial qui aura besoin de temps encore pour se construire. Il y a un début à tout et ces premiers instants avec son nouveau-né sont d'une valeur inestimable.

Mon premier ACCOUCHEMENT

Le but principal de ce livre est de te guider, de t'apprendre quelques trucs et aussi de partager avec toi mon vécu. Parce que je ne suis ni gynécologue, ni sage-femme, ni puéricultrice, mais une femme lambda, passionnée par cette aventure extraordinaire qu'est la grossesse. Comment donc mieux te parler de l'accouchement qu'en te racontant le mien ? Rassure-toi, c'est une histoire qui a bien commencé et qui s'est tout aussi bien terminée. Alors, une fois encore, laisse-moi ressortir de mes tiroirs le récit de cette première naissance, celle qui a fait de moi une « maman ».

« C'était un mardi soir, j'avais eu quelques contractions les jours précédents, mais rien de bien sérieux. Je me sentais patraque, presque barbouillée, alors j'ai décidé d'aller me coucher, il devait être 22 h. Je me suis réveillée aux alentours de 1 h 30 parce que je commençais à ressentir de nouveau des contractions, supportables, mais un peu gênantes puisqu'elles étaient assez rapprochées pour m'empêcher de dormir. Vers 2 h, ça m'agaçait tellement de ne pas dormir que j'ai décidé de me lever, histoire de ne pas réveiller Denis à gigoter pour essayer de trouver une position confortable. Je suis allée sur le canapé, dans le salon, et puis, par curiosité, j'ai noté la durée et la fréquence des contractions sur une feuille, comme on nous l'avait conseillé aux cours de préparation à la naissance, pour me faire une idée de ce qui se passait exactement. J'ai commencé à noter à 2 h 16 (j'ai encore cette fameuse feuille sous les yeux). Chacune durait environ 45 secondes, et j'en avais déjà toutes les 4-5 minutes.

Étrangement, malgré ce qui était indiqué sur le papier qu'on nous avait donné à ces cours (où on nous disait de venir à la maternité quand on avait des contractions régulières toutes les 5 minutes au moins), je me suis dit que ça ne devait pas être un vrai travail. Je me souvenais qu'on nous avait aussi dit que ces contractions-là étaient très douloureuses, et moi, honnêtement, à ce moment-là, je n'avais pas tellement mal. J'en ris maintenant, mais je suis restée comme ça jusqu'à 3 h et demie du matin,

avec mon chronomètre sur le téléphone, mon papier et mon stylo, presque aveugle devant l'évidence : j'étais bien en travail, mais partant du principe que c'était supportable, ça ne me venait même pas à l'esprit que c'était vraiment ça.

Un peu lasse et fatiguée, j'ai décidé de retourner me coucher et d'attendre le matin que Denis soit réveillé pour voir si ça allait continuer ou pas. En me remettant au lit, j'ai eu encore des contractions, toujours rapprochées, et elles ont commencé à me faire mal quand même. Si bien que j'ai été soulagée quand j'ai constaté que Denis s'était réveillé. Je lui ai expliqué ce qui se passait (mais je n'ai pas dû l'inquiéter beaucoup puisque je ne m'inquiétais pas moi-même). Il m'a câlinée un peu, prise dans ses bras, et j'ai tenu toute la nuit comme ça, jusqu'à ce que le réveil sonne vers 7 h 20.

On s'est ensuite levé pour prendre le petit-déjeuner, et j'ai brièvement repris ma feuille pour noter le rythme des contractions. 7 h 34, 7 h 36, 7 h 39, 7 h 41, 7 h 43... elles étaient drôlement rapprochées quand même ! Et puis ça commençait à me faire assez mal pour m'empêcher de manger et pour me couper le souffle, même si ça restait toujours très supportable – et que j'étais de très bonne humeur. Dans le doute, je me suis forcée à avaler de la compote de pommes et un grand bol de thé bien sucré, comme les sages-femmes nous l'avaient conseillé en préparation, histoire de ne pas partir le ventre vide. Mais on nous avait tant expliqué qu'il ne servait à rien de venir trop tôt à la maternité que j'avais presque peur d'y aller pour rien. Et puis je ne voulais pas faire perdre son temps à Denis qui devait travailler loin ce jour-là, à Taninges, à plus d'une heure de route de la maison.

Avec Denis, on a donc décidé d'attendre encore un peu, et finalement, j'ai téléphoné à la maternité. Je suis tombée sur une sage-femme qui s'appelait Mireille, en salle d'accouchement, et je lui ai expliqué la situation sans trop de conviction apparemment. Elle m'a dit que ça ne coûtait rien de venir pour jeter un œil, mais que si je n'étais qu'en début de travail, elle ne pourrait pas me garder. Sceptique à propos de mon propre état, j'ai encore préféré attendre.

Vers 8 h 15, je suis allée prendre une douche, me disant que, si on devait faire un crochet par la maternité et que, par surprise, ils veuillent me garder, je serais bien contente de m'être lavée avant. En sortant de la douche, comme je m'étais peut-être un peu habituée à la douleur, j'avais l'impression que ce n'était pas assez douloureux pour signifier quoi que ce soit et j'avais peur de me faire « refouler » de la maternité... J'étais vraiment partagée, je ne savais plus ce que je devais faire. Mais, les contractions étant quand même très présentes et régulières, il aurait été peu raisonnable de laisser Denis partir travailler si loin, en risquant de le rappeler une heure plus tard et de devoir me faire emmener à la maternité par quelqu'un d'autre que lui. Il a alors passé un coup de fil à son chef pour le prévenir qu'il m'emmenait faire un petit contrôle à la clinique et qu'il le tiendrait au courant au plus vite.

Je me suis donc habillée, maquillée un minimum, j'ai pris le petit sac de voyage qu'on avait préparé, et on est parti à la maternité. On a été reçu par Mireille, qui m'avait répondu auparavant, et qui m'a auscultée dès notre arrivée. J'étais déjà à 3 cm de dilatation du col ! « Eh bien, c'est pour aujourd'hui, pas de doute », m'a-t-elle dit. Elle-même nous a avoué qu'elle était loin de s'attendre à ce que je sois déjà en travail, et plutôt bien avancé qui plus est. Elle m'a alors posé un monitoring pour voir à quelle fréquence et avec quelle force les contractions se déclenchaient. On est resté là, Denis et moi, un peu étonnés d'apprendre que j'étais vraiment en travail, et en même temps, super heureux. Au bout de 30 minutes, Mireille est revenue, a jeté un œil aux courbes du monitoring et nous a annoncé : « Votre bébé sera là avant 16 h, c'est sûr ! »

On allait de surprise en surprise, je dois dire que j'étais complètement déconnectée, je me demandais comment ça pouvait se passer si vite. Pour moi qui ne voulais pas me faire renvoyer de la maternité, c'était déjà une petite victoire. « Je vous garde, vous pouvez aller vous promener dans les couloirs si vous voulez », m'a dit Mireille. Et là, tout à coup, je me suis dit que je n'avais pas envie de passer la journée à

tourner en rond en attendant que ça se passe. Sans compter que la maternité... ce n'était pas très grand. Moi qui avais envie de vivre les premières heures à la maison, j'ai demandé si, par hasard, on pouvait rentrer à la maison et revenir quand ce serait un peu plus douloureux. La sage-femme a semblé un peu étonnée par cette idée, mais elle nous a dit que, si on voulait, on pouvait aller faire un tour, mais qu'il fallait absolument qu'on soit de retour à la maternité 2 heures après, au plus tard.

On est donc reparti ensemble vers 10 h, et Denis a passé un coup de fil à son chef pour lui dire qu'il ne pourrait pas aller travailler. On est d'abord passé au centre commercial pour récupérer la bague que ton papa avait commandée à l'occasion de ta naissance et qu'il avait malencontreusement confondue avec une autre (mais ça, c'est une autre histoire, il va falloir lui demander le détail à lui, c'est plus drôle). Ensuite, on est rentré à la maison.
J'ai envoyé Denis s'acheter un sandwich pour le midi et récupérer les produits homéopathiques que j'avais commandés à la pharmacie, ce qui lui a donné l'occasion de promener Wendy... Pendant ce temps, j'ai fignolé mon sac et ma valise pour la maternité, j'ai rangé la maison au maximum (j'avoue m'être retenue de passer l'aspirateur, mais j'avais quand même assez mal, ça aurait été un peu abusé !), je me suis coiffée, j'ai mis des croquettes et de l'eau dans la gamelle de Wendy. Après ça, je me souviens m'être mise à genoux sur le tapis devant le canapé, histoire de gérer au mieux les contractions, car cette position me soulageait beaucoup.

Bref, quand je repense à cet intermède, je me dis qu'on était bien fous, tous les deux, à nous promener comme ça alors que j'étais vraiment sur le point d'accoucher ! Ça avait un côté amusant et complètement insolite de vaquer comme ça à un tas d'occupations, de prendre à ce point notre temps alors qu'en fin de compte, on n'en avait pas beaucoup devant nous. On n'est reparti qu'à 11 h 30 de la maison, et là, je dois quand même dire que le trajet pour aller à la clinique a été un peu compliqué, parce que j'avais des contractions bien douloureuses et que les dos-d'âne étaient toujours sur le trajet !
Je suis retournée en salle d'examen, Mireille m'a

de nouveau auscultée : j'en étais à 5 cm ! Je n'y croyais pas moi-même. Moi qui pensais qu'un accouchement prenait au moins 24 heures, si ce n'est plus… j'étais abasourdie que ça aille si vite ! Elle m'a remise sous monitoring, plus longtemps cette fois, pour contrôler les contractions et vérifier que ton petit cœur tienne bien le coup. Je me rappelle avoir été obligée d'appeler une sage-femme pour lui demander si je pouvais aller faire pipi, tant j'en avais envie.

À 13 h, après avoir surveillé tout ça, Mireille m'a fait entrer en salle de travail, cette même salle qu'on avait visitée pendant un cours de préparation à la naissance. Avant de nous y laisser, elle m'a dit que je pouvais avoir la péridurale quand bon me semblait, que j'avais de la chance, que l'anesthésiste présent ce jour-là était super, qu'il faisait des péridurales très peu dosées, où on sentait encore bien tout… j'étais tentée alors que je n'en voulais pas, mais je lui ai gentiment expliqué que, si possible, je préférais m'en passer. Là encore, elle a eu l'air étonnée, mais contente de voir que j'avais envie de faire sans.
J'ai commencé par me servir du gros ballon jaune pour faire basculer mon bassin de façon à me soulager, et puis je me suis mise dans la grande baignoire avec de l'eau bien chaude, ce qui me détendait énormément et avait un vrai pouvoir antidouleur sur les contractions. Denis a mangé son sandwich. Les contractions sont devenues assez fortes pour m'empêcher de parler, même si je pouvais encore bien gérer la douleur. Denis était très présent, à la fois détendu et rassurant, s'amusant, quand il devinait une contraction importante à mon expression crispée, à annoncer « Oh, la belle bleue ! », ce qui me faisait rire et m'aidait vraiment à ne pas me prendre la tête. Quand j'avais de trop grosses contractions, il se servait de ce qu'on avait appris en haptonomie pour me détacher complètement de la douleur et me reconnecter sur lui, sur toi, sur l'espace, ce qui a eu un véritable effet tranquillisant sur moi.

À 14 h, alors qu'on venait de distribuer les cartes pour jouer au 1000 Bornes et nous changer un peu les idées, Mireille est revenue pour jeter un œil à l'avancement des choses. Surprise ! Mon col était dilaté à 9 cm ! « Votre bébé sera

là avant 15 h », m'a-t-elle annoncé cette fois-ci. On n'en revenait pas ! Ça allait à une vitesse pas croyable, et moi, même si j'avais de plus en plus mal, je trouvais la douleur importante, mais supportable, ce qui me rendait très fière, je dois dire. Elle nous a quittés quelques minutes, et là, j'ai eu une contraction très forte, très douloureuse, au point que j'ai dû dire à Denis quelque chose comme : « Punaise, je commence à me demander si je ne vais pas la prendre, la péri, finalement… » Puis Mireille est revenue et elle nous a emmenés en salle d'accouchement. Là, on m'a installée allongée, et je me souviens du moment où on m'a posé le cathéter. Franchement, j'ai un plus mauvais souvenir de cette douleur-là que de celle des contractions. J'ai trouvé ça vraiment désagréable, j'avais l'impression qu'on me perçait la peau de l'avant-bras.

À partir de là, les contractions sont devenues très intenses, mais au point où j'en étais, je savais qu'il était complètement inutile de demander une péridurale et j'avais envie de faire sans. Denis m'a beaucoup encouragée, il me tenait les mains et était sans péridurale à fond. Avec moi, dans tous les sens du terme. Sa présence était active : il me rassurait, il me prouvait qu'on était bien là à deux, et c'était tout ce dont j'avais besoin. Les sages-femmes (une autre avait rejoint Mireille, elle s'appelait Nadine) sont allées passer un coup de fil à mon gynécologue-obstétricien pour le prévenir de ma présence et de l'imminence de la naissance, puis elles m'ont mise un moment sur le côté pour voir si ça me soulageait.

Quelques minutes plus tard, elles m'ont remise sur le dos (le côté ne me convenait pas vraiment) et Mireille m'a percé la poche des eaux dans une simple bassine en plastique (j'ai d'ailleurs été étonnée de la quantité de liquide que j'ai senti s'écouler). Le gynéco est arrivé juste après, assez surpris de me voir là alors que, la veille, rien ne semblait indiquer que j'étais sur le point d'accoucher, ce qui nous a tous bien fait rire (et ça m'a détendue, moi aussi, de plaisanter un peu).

Là, Mireille nous a demandé quel serait le prénom qu'on t'avait choisi. Ton papa et moi, poliment, on lui a répondu qu'on préférait attendre de voir ta frimousse avant de le choisir définitivement, ce qu'elle a très bien compris.

Et puis tout s'est accéléré, cette fois, tu n'étais plus très loin ! Tout le monde s'est mis autour de moi, et j'ai commencé à pousser. Je fermais les yeux, je me concentrais énormément, c'était comme si je voyais tout, je me projetais littéralement à la place du gynéco, j'essayais de vraiment percevoir un maximum de choses. Au bout de quelques poussées, je me souviens avoir lâché un « je suis fatiguée », épuisée, mais Mireille me répétait que tu étais juste là, tout près, elle me disait aussi que je me débrouillais très bien. Je me suis très vite reprise, je sentais en moi la volonté, je me disais à moi-même : « Je ne dois pas lâcher, plus je force, plus vite c'est fini, c'est inutile de se reposer maintenant. » « Poussez comme si vous alliez aux toilettes », me disaient les sages-femmes. Je m'exécutais de toutes mes forces, en poussant en même temps vigoureusement contre les bras de Denis (il aurait même eu des courbatures à m'avoir retenue !). Je me souviens avoir brièvement ouvert les yeux et avoir vu le gynéco, à ma droite, qui m'encourageait, tandis que Denis, à ma gauche, me caressait doucement l'oreille et les cheveux. À un moment, j'ai dit que je mourais de chaud (la pièce était très chauffée pour éviter au bébé d'avoir froid en sortant, mais c'était un vrai sauna pendant l'effort), du coup, Denis s'est mis à me faire du vent avec je ne sais plus quoi, ce qui me faisait beaucoup de bien.

J'ai entendu quelqu'un me dire qu'on voyait les cheveux, que tu étais là, ce qui m'a donné des ailes : j'ai poussé une première fois, très fort, et j'ai senti ta tête passer. À la deuxième poussée, j'ai « vu » tes épaules sortir, et tout est allé très, très vite. Tout à coup, tu étais là, sur moi, les yeux grands ouverts, les cheveux tout mouillés, tu as chouiné d'une petite voix, tout calmement, c'était magique ! La première chose à laquelle j'ai pensé, c'est « comme il sent bon ! » Ton odeur était merveilleuse, si unique ! Tu étais un peu violet aussi, mais tu as rapidement retrouvé un joli teint. Et puis ton papa est venu couper le cordon...

Denis s'est ensuite approché tout près de nous, il a beaucoup pleuré, il était l'homme le plus beau du monde à ce moment-là, plus encore qu'à notre mariage, je n'oublierai jamais l'expression de bonheur parfait sur son visage et sa main dans la mienne. Moi, j'étais très émue aussi, mais telle-

ment pleine d'euphorie et, sans doute également un peu à cause de la fatigue intense qui me prenait, je me suis mise à rire, c'était génial ! Je me sentais trop bien tout d'un coup.

Juste après ça, il y a eu la « délivrance », la sortie du placenta. Ça a été d'un soulagement incroyable quand tout ça est sorti. Et Denis et moi, curieux inconditionnels, on a demandé à y jeter un œil. On n'a pas été déçu ; le docteur nous l'a montré, pendant au bout du cordon ombilical, et on a été très surpris de sa taille.

Après quelques petites minutes, Nadine t'a pris et est allée t'habiller avec Denis, juste là, à deux mètres, tandis que le gynéco s'occupait de moi. Il m'a fait quelques points de suture, que je n'ai pas sentis, je ne sais même pas combien il en a fait. Je me souviens que mes jambes tremblaient énormément, c'était très étrange, comme si, d'un coup, elles étaient sans vie, à peine rattachées à moi.

Une fois habillé, on t'a reposé sur moi, et Nadine nous a pris en photo tous les trois. C'était drôle, tu te tétais les poings, les doigts, et tu as même tété mon doigt. Tu as ensuite eu droit à ta première tétée, et puis le personnel est sorti de la pièce, ils ont mis un paravent devant la porte pour nous laisser dans l'intimité, et on est resté là tous les trois tranquillement. C'était juste trop bon, un vrai moment de pure douceur.

Voilà, ça fait remonter autant de souvenirs que d'émotions que de relire tout ça, et ça n'a pas été moins intense la deuxième fois. Pour tout te dire, me remémorer ces naissances me rend très impatiente de vivre ça une troisième fois. Parce que ***même si un accouchement, c'est de l'inconnu, de l'appréhension, de la douleur et des imprévus, ça n'en reste pas moins un moment aussi unique qu'exceptionnel.*** »

PARTIE 6

Après l'accouchement

Ça y est, bébé est là. Dans vos bras. Pour la plupart des mamans, c'est un moment extraordinaire, une bulle de bonheur incomparable. Pour d'autres, cette rencontre avec leur enfant est moins évidente. C'est un fait : la rencontre avec le bébé ne va pas forcément de pair avec l'instinct maternel. Il y a la fatigue, les suites de couche qui sont plus ou moins désagréables selon les femmes, les brusques variations d'hormones et l'agitation de la naissance qui entrent en compte. Après l'accouchement, ce n'est pas toujours que du bonheur et il me semble important de l'évoquer parce que, quand on n'y est pas préparé, la culpabilité et le mal-être peuvent prendre le dessus en un rien de temps.

MAMAN n.f.
* Être humain multi-tâches (et souvent tâché), jonglant (sans les mains, déjà occupées) avec les microbes, devoirs, activités et diverses obligations ménagères
* Fait des semaines de 35 heures en une journée
* Signe distinctif : capable de se satisfaire d'un minimum de 10 minutes quotidiennes pour s'occuper de soi

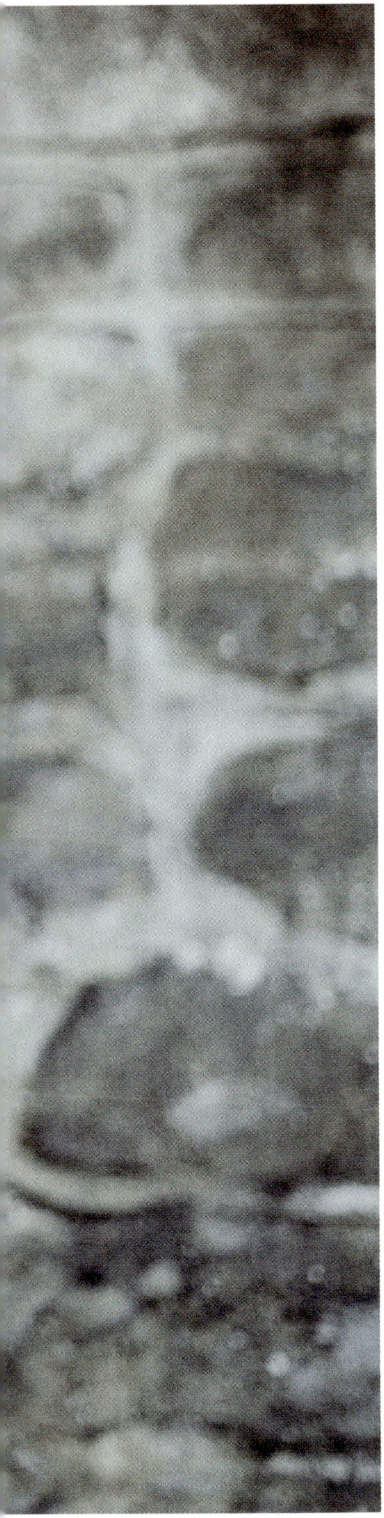

POST-PARTUM : ce à quoi il faut s'attendre

LES PREMIERS JOURS suivant l'accouchement

J'ai envie de te parler sans langue de bois de ce qui se passe après un accouchement et qu'on oublie parfois d'aborder en cours de préparation à la naissance – ces choses qu'il me semble indispensable de dire aux mamans sur le point de donner la vie. Et puis aussi de celles que j'aurais aimé savoir avant d'accoucher de mon premier bébé, mais que je n'avais pas lues. Des petites broutilles ou des vraies informations indispensables dont je n'ai pas eu connaissance, ce que je regrette, parce que ça m'aurait permis de me sentir mieux dans ma peau, de ne pas m'inquiéter pour rien, de récupérer plus sereinement. Car après une naissance, c'est inévitable, le corps a besoin de se remettre en place et ça passe par tout un tas de petits et gros tracas.

UN ACCOUCHEMENT, C'EST UNE VÉRITABLE *épreuve sportive* *de haut niveau...*

Fatigue, douleurs et courbatures

Le corps a été mis à rude épreuve. Quand j'entends certaines personnes sortir des phrases du type : « Oh, oui, c'est crevant, mais nos grands-mères l'ont fait avant nous et elles s'en sont remises, n'en fais pas une maladie, ça va aller ! », j'ai parfois envie de m'arracher les cheveux. Même un accouchement qui se passe « bien » n'a rien d'anodin, c'est une véritable épreuve sportive de haut niveau que personne ne devrait sous-estimer ! Qui nous dit d'ailleurs que nos aïeules le vivaient bien ? N'est-ce pas plutôt qu'à une autre époque, elles n'avaient tout bonnement pas le droit de dire qu'elles ne se sentaient pas bien ?

Quand on accouche, on se donne à fond, on transpire, on contracte ses muscles, on se concentre. L'utérus, qui a passé 9 mois à se développer, se retrouve soudain vide, notre giron maternel ne ressemble plus qu'à un gros ballon de baudruche dégonflé. On a des courbatures, des douleurs un peu partout. Certes, les femmes accouchent depuis la nuit des temps, cependant, il n'est pas moins vrai que ça reste éreintant et qu'on ne se remet pas d'une naissance en deux temps, trois mouvements. Cette fatigue physique aura parfois un réel impact sur nos émotions et notre moral. Voilà pourquoi il est important de se laisser du temps et de ne surtout pas hésiter à demander de l'aide à l'équipe de puéricultrices sur place. Elles sont là pour s'assurer que tu récupères bien, et si tu as besoin de quelques heures simplement pour dormir entre deux tétées, n'hésite pas à leur confier ton bébé pour pouvoir vraiment te reposer. Parfois, rien que 3 ou 4 heures de sommeil en plus te permettront de voir de nouveau les choses du bon côté.

BON À savoir

Pour te donner un ordre d'idée, il est reconnu qu'après un accouchement, le corps a besoin d'au moins 10 semaines de « convalescence » (entre guillemets, car effectivement, tu n'étais pas malade, mais ça n'en reste pas moins éprouvant) pour se remettre physiologiquement.
Si tu te compares, déprimée, aux starlettes affichant des abdos en béton 2 semaines après la naissance de leur bébé, dis-toi bien que ça n'a absolument rien de naturel et que c'est surtout prendre un risque pour sa santé que de chercher à afficher un corps parfait si tôt après avoir mis au monde un enfant.

LE MOT DU papa

Il va falloir être attentif parce que la maman ne se rendra peut-être pas compte qu'elle est en train de sombrer. En général, ce sont les papas qui remarquent que quelque chose ne va pas. Alors, si elle pleure non-stop, n'arrive pas à s'attacher à l'enfant et/ou ne parvient pas du tout à se reposer, donnez l'alerte. Commencez par lui en parler pour voir si elle en a conscience. Et contactez la sage-femme qui a suivi sa grossesse, elle saura vous accompagner.

Joies, baby-blues et dépression post-partum

Alors, non, ce moment où tu vas te retrouver seule dans ta chambre et fondre en larmes en regardant ton nouveau-né endormi en te disant : « Oh, mon Dieu, il est tellement beau, je vis en plein rêve », ce n'est pas le baby-blues. Parfois appelé « syndrome du troisième jour », le baby-blues correspond plutôt à une phase intense de tristesse, d'anxiété et de doute qui nous envahit sans crier gare. C'est un phénomène physiologique et passager, à ne pas confondre avec une dépression post-partum. Toutes les femmes ne l'expérimentent pas forcément, mais il est lié à la chute brutale des hormones après l'accouchement. Tu te souviens de tes sautes d'humeur en début de grossesse, de cette sensation de ne plus contrôler tes émotions ? En gros, c'est un peu pareil : tu es toute bouleversée, et ça se traduit bien souvent par des crises de larmes et un mal-être que tu ne t'expliques pas forcément. Parfois, tu craques quand on te rend visite ou alors, au contraire, quand tu te retrouves seule dans ta chambre. Inutile de te dire que tu es une mère indigne si tu es triste alors que ton bébé est en parfaite santé. Dis-toi que **ces émotions ne sont pas liées à un état psychologique problématique, mais bien à ces hormones qui te jouent des tours.**

En quelques jours, le baby-blues sera de l'histoire ancienne. Généralement, il ne dure pas plus d'une semaine et disparaît au moment du retour chez soi, avec le plaisir de retrouver son nid et ses repères. En revanche, si ces sentiments négatifs perdurent, s'accentuent et créent chez toi un mal-être qui te ronge, t'empêche de créer un lien avec ton bébé, ce n'est pas un baby-blues dont tu es victime, ce sont plutôt les signes d'une dépression post-partum et il devient alors nécessaire de consulter.

Pertes de sang et autres joyeusetés

Les saignements après l'accouchement (par voie basse ou par césarienne), ou lochies, sont monnaie courante et on ne peut plus normaux. Ton corps se débarrasse de tous les résidus de la grossesse, et il ne s'agit pas que de sang : liquide, petits amas de vaisseaux sanguins, c'est le grand ménage. Cela ressemble à des règles très abondantes et avec quelques trucs non identifiés. Bref, ce n'est pas ragoûtant, mais pas de panique, ça va passer ! En ce qui concerne leur durée, les lochies, c'est un peu la roulette russe : ça peut aller de 1 à 6 semaines… il te faudra donc t'armer de patience.
Attention toutefois, si tu as de fortes douleurs dans le bas-ventre, que les lochies ont une odeur fétide, contiennent des caillots ou sont particulièrement abondantes, cela peut être le signe d'une infection de l'utérus due à un caillot de sang ou un débris de placenta stagnant dans l'utérus. Il est alors urgent d'en parler à ta sage-femme, ce n'est pas à prendre à la légère.

Des contractions, encore ?

On les appelle les « tranchées » (rien que le terme ne fait pas rêver, pas vrai ? On se croirait en 1914-1918…). Je n'en ai pas ressenti pour mon premier bébé, et apparemment, c'est normal puisque ces contractions surviennent généralement au deuxième ou troisième (ou dès le premier s'il est né par césarienne). Bien moins douloureuses que les contractions de l'accouchement (encore heureux !), elles peuvent toutefois être drôlement surprenantes si on ne s'y attend pas. Ces contractions se déclenchent pendant les tétées les premiers jours et ont pour fonction d'aider l'utérus à retrouver sa taille d'origine. Si elles sont vraiment trop désagréables, tu peux toujours prendre un peu de paracétamol et en parler à la sage-femme qui viendra te faire tes soins. En tout cas, pas de panique, c'est simplement ton corps qui se remet en place !

Le Lait Corps Nourrissant
tonicité pendant la
l'accouchement. L'huile
votre peau en profondeur
raffermir les tissus
Conseils d'utilisation
du corps et
Our Nourishing Body
skin during your
Argan oil and
dermochlorella
Directions:
INCI : AQUA
BUTYROSPERMUM
CAPRYLIC/CAPRIC
ALCOHOL, SESAMUM
CETEARYL ALCOHOL
GLYCERYL BEHENATE
KERNEL OIL
POTASSIUM SORBATE
CHLORELLA VULGARIS
CITRIC ACID
ECOCERT
COSMOS ORGANIC
Made in France
www.eve-rose.com

Les vergetures

S'il y a bien un truc dont je ne me suis jamais remise lors mon deuxième accouchement, c'est ça : j'ai pris (grand) soin de ma peau pendant ma grossesse, me badigeonnant généreusement d'huiles et autres crèmes destinées à hydrater au mieux mon épiderme pour éviter de le voir éclater sous la pression de ce bébé qui grandissait en moi. Et victoire : comme pour mon premier, arrivée à terme, je n'avais pas de vergetures. Cette satisfaction a été balayée lorsque, 2 jours après mon deuxième accouchement, j'ai découvert mon ventre tout craquelé ! Horreur ! Comment ma peau pouvait-elle avoir cédé alors que mon ventre était vide ? Désespérée, j'en ai parlé à la première sage-femme qui est entrée dans ma chambre. Me regardant avec pitié, elle m'a dit : « Mais, Madame, les vergetures peuvent aussi apparaître quand la peau se retend trop vite. » Je l'ai regardée, hébétée, dépitée. C'est vrai, le lendemain de mon accouchement, mon ventre s'était déjà étonnament retendu. Naïve que j'étais, j'avais pensé qu'une fois bébé sorti, ma peau ne serait plus malmenée… c'était sans compter sur ces foutues hormones (encore elles) qui étaient apparemment trop pressées de faire rétrécir mon ventre dégonflé. Alors un conseil : **n'oublie pas de continuer d'appliquer de nouveau un produit très hydratant sur ton ventre même après la naissance !** Cela pourrait t'éviter une bien mauvaise surprise.

Les visites

Allez, je m'apprête encore à lâcher un pavé à ce sujet, mais ça me semble tellement important d'en parler ! Tu te souviens de cette citation de Sartre au début de l'ouvrage : « L'enfer, c'est les autres » ? Rebelote. En ce qui me concerne, je n'ai jamais connu le baby-blues. J'ai vraiment eu de la chance, je sais bien, enfin au moment où j'écris ces lignes, il me reste un troisième accouchement à vivre, il ne faut jamais dire jamais, par contre, j'ai vécu l'épuisement des visites trop nombreuses. On vivait assez près de nos familles respectives, et à la maternité, ma belle-mère, ma belle-sœur, mon beau-père, ma mère, ma tante, ma grand-mère et plusieurs amis sont venus me rendre visite ! Bébé et moi, on a vu du monde tous les jours dès le lendemain de la naissance. Et ça ne s'est pas calmé en rentrant à la maison. Tous les copains qui n'avaient pas pu venir à la maternité passaient en soirée, après leur boulot, pour dire bonjour à notre petite merveille. Puis c'est mon grand-père qui a fait le chemin depuis la Bretagne pour rencontrer son premier arrière-petit-fils.

Dans l'absolu, toutes ces personnes étaient remplies de bonnes intentions : pour la famille, c'était important de venir voir notre tout premier enfant alors qu'il n'y avait pas eu de bébé depuis une dizaine d'années au moins. Pour les amis, c'était l'occasion de nous rendre visite et de découvrir ce petit garçon dont on avait rêvé des mois durant. Tout le monde était ravi, enthousiaste, impatient, et même nous, ça nous faisait plaisir d'être entourés d'autant d'attention et de visiteurs. Mais voilà, on est un minimum hospitalier, alors on sort le thé, les petits gâteaux, et on accepte de discuter quelques minutes qui se transforment bien vite en heures. Mon grand-père étant venu de loin, il est resté deux jours, et bien sûr, il fallait préparer les repas. **Gérer les nombreuses visites des proches, ça peut devenir usant.**

Je le rappelle : ce qu'on vient de vivre, c'est l'équivalent du marathon de New York alors qu'on n'a jamais suivi d'entraînement. Parce qu'on n'est pas forcément très en phase avec ce corps un peu cabossé et ces cernes sous les yeux. Parce qu'on n'a peut-être pas dormi plus de 2 heures d'affilée depuis une semaine et qu'un nouveau-né, ça pleure, ça se réveille souvent, ça demande des soins, du temps, une attention de chaque instant. Les jours, voire les semaines suivant la naissance sont très éprouvants pour une maman, même quand tout s'est passé à merveille. C'est une période transitoire qui survient après un événement extrêmement fatigant. Et gérer un défilé de visiteurs quand on est déjà noyé par un quotidien qui n'a plus rien d'habituel, ça peut rendre dingue.

Gérer un si jeune bébé tout en faisant en sorte que les gens qui passent nous voir se sentent à l'aise demande beaucoup d'efforts, c'est finalement un effort qu'on n'est pas toutes prêtes ou capables de faire. Moi la première, j'ai bien cru sombrer. Un soir, je me suis sentie exténuée,

LE MOT DU papa

Là… il va falloir se bouger ! Il y aura de l'effervescence à l'arrivée du petit-fils/petite-fille/neveu/nièce et toutes ces visites ne sont pas très compatibles avec le repos. D'autant que la maman aura déjà beaucoup de choses à gérer et une nouvelle vie à s'approprier. Alors, prenez en main l'organisation des visites, quitte à mettre le holà s'il y en a trop. Il peut être bon de rappeler que ces moments de repos sont indispensables au bon équilibre de la maman et du bébé. D'ailleurs, sans parler d'interdire de voir le nouveau-né, c'est aussi votre rôle d'écourter les visites qui s'éternisent. On ne se rend pas compte sur le coup de la charge que ça peut représenter pour une toute jeune maman d'assurer autant de visites, soyez compréhensif et faites de votre mieux pour ne pas attribuer trop vite une simple, mais sérieuse fatigue physique et morale à un baby-blues.

mes oreilles sifflaient à cause des cris de bébé que je n'arrivais ni à endormir ni à calmer. Mon grand-père a fait une réflexion pendant le repas que j'avais pourtant pris le temps de préparer moi-même, je ne sais plus très bien ce que c'était, mais je l'ai mal pris. À quoi il a répondu, amusé, que c'était inutile de réagir pour si peu, que mes hormones me jouaient encore des tours. Je me suis effondrée, les larmes me sont montées. En allant se coucher, mon mari, sans imaginer quel raz-de-marée ce serait pour moi d'entendre ça, m'a dit gentiment : « Meli, tu nous ferais pas un baby-blues ? »

Si tu as lu le passage juste avant sur le baby-blues, tu sais comme moi que ce n'est pas ça qui m'accablait. On était à la maison depuis plusieurs jours déjà, et cette première crise de larmes n'avait rien à voir avec une brutale chute d'hormones ou un début de dépression. C'était juste un ras-le-bol gigantesque, celui d'avoir enchaîné les visites, faisant toujours de mon mieux pour accueillir famille et amis comme je pensais devoir le faire, c'est-à-dire avec le café et le sourire aux lèvres alors que je ne rêvais que de pouvoir me reposer et prendre une douche.

Alors, si je peux te donner un conseil, c'est de ne jamais hésiter, même pendant ta grossesse, à demander à ton entourage de passer un coup de fil ou d'envoyer un SMS s'ils veulent passer te voir. Parce que, par exemple, voir quelqu'un débarquer chez soi alors qu'on a enfin endormi bébé et qu'on s'apprêtait à faire une sieste, ça peut être rageant. **N'hésite pas non plus à simplement refuser une visite si tu ne te sens pas prête à avoir du monde chez toi ce jour-là** ou si la personne en question a le chic pour t'agacer – inutile de t'ajouter une tension supplémentaire lorsque tes journées sont déjà rythmées par les couches, pleurs, coliques... du nourrisson. Tu en as pleinement le droit et ne devrais en aucun cas culpabiliser à l'idée de reporter telle ou telle visite. D'autant plus que les personnes les moins agréables de ton entourage n'auront pas forcément entamé une thérapie pour changer radicalement en 9 mois. Alors autant les garder un peu éloignées, le temps que tu sois d'attaque pour encaisser leur présence.

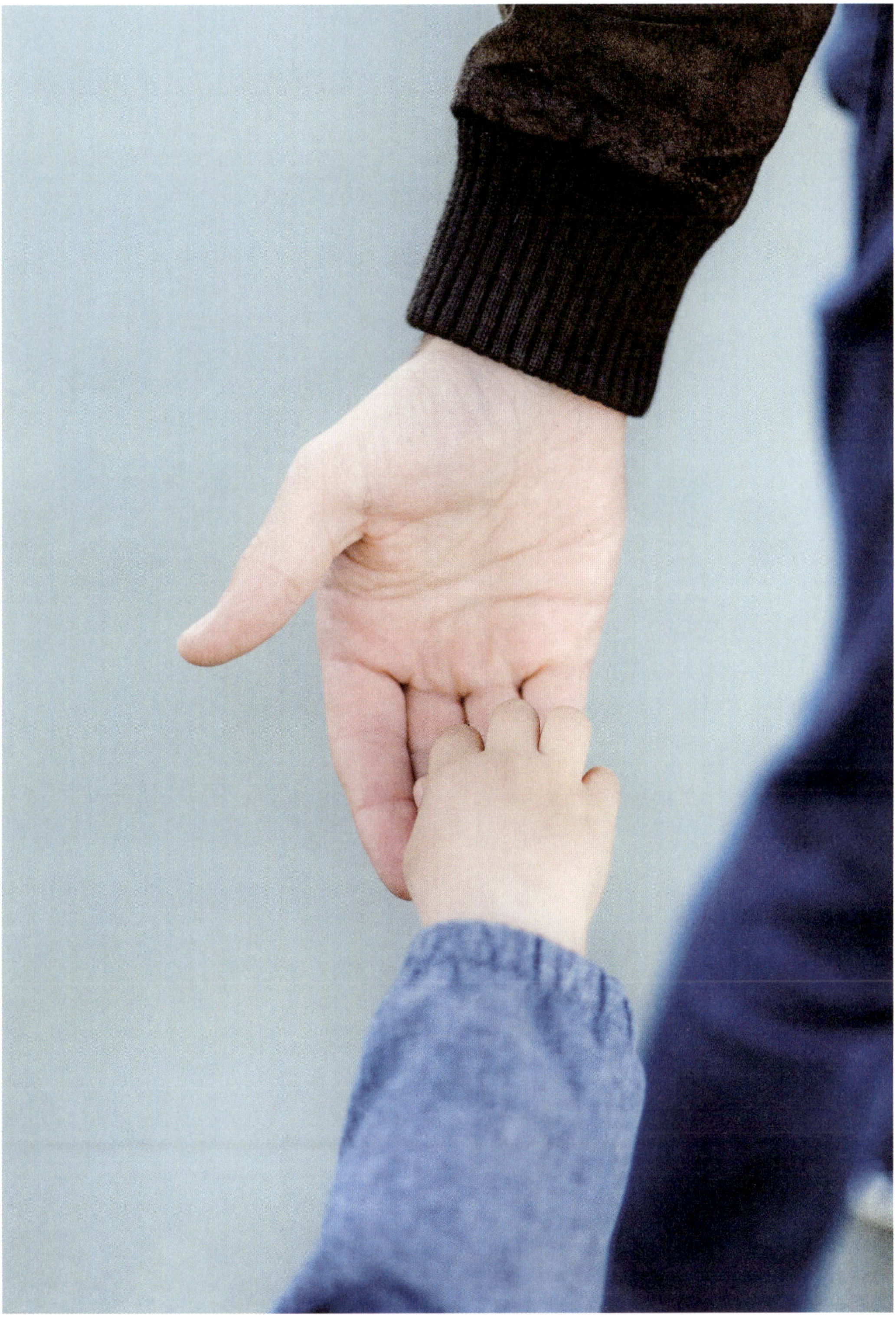

L'attachement POSSESSIF

Une fois encore, je n'avais jamais entendu parler de ce sentiment très puissant que j'ai ressenti pour mon premier bébé et que j'aurais aimé pouvoir appréhender avant sa naissance. Je l'appellerais donc « l'attachement possessif ». Loin de moi l'envie de jouer au psy, c'est juste dans ces termes que je décrirais ce qui m'a envahie dès que je suis retournée dans ma chambre avec mon premier bébé dans les bras : je ne voulais pas le « prêter ». La seule personne que je jugeais apte à prendre mon nouveau-né à ma place, c'était son père et personne d'autre. Il venait de passer 9 mois au creux de moi, ce tout petit, et tout à coup, j'ai eu l'impression que, parce qu'il était né, tout le monde se sentait libre de le prendre dans son berceau. Les sages-femmes, les puéricultrices, la famille, les amis. Ce n'était pas une impression d'ailleurs, puisque, déjà à la maternité, nos mères, sœurs et grands-mères se sont empressées de vouloir porter bébé pour qu'on les prenne en photo avec lui.

C'est on ne peut plus normal : en tant que futures mamans, on l'a eu rien qu'à nous pendant des mois, alors les autres aussi ont envie de « profiter » de ce petit être qui est aussi leur neveu, cousin, petit-fils, arrière-petit-fils. Le pire pour la maman dans tout ça, c'est qu'on a l'impression de ne rien pouvoir maîtriser – les gens sont parfois venus de loin, les mamies sont fières, les tatas ravies, tout le monde rêve de tenir ce bébé dans ses bras.

Quand on a porté un enfant pendant si longtemps, le voir se promener de bras en bras telle une sorte de trophée, ça peut déranger. Du moins, moi, ça m'a dérangée. C'est comme si, tout à coup, on n'avait plus la maîtrise de rien, comme si on nous dépossédait de notre maternité alors qu'on avait adoré être enceinte. On est la maman, mais pour faire plaisir aux autres, par convention sociale aussi, on se doit de le « prêter », alors qu'on a l'impression qu'il est si fragile, qu'il a encore besoin d'être en contact constant, qu'il ne peut se trouver bien que contre sa maman.

J'étais très possessive les premiers jours après la naissance, et ma foi, même si ça n'a pas plu à tout le monde (on me l'a bien fait comprendre), je continue de penser que **c'est un sentiment des plus naturels et instinctifs.** Il est en effet bon de se souvenir qu'en tant que mammifères, nous sommes parfois mus par un certain instinct : essaie donc de prendre un chiot âgé d'un jour ou deux à sa mère, tu risques fort d'être mordue. Les mamans chiens ne partagent pas. Eh bien moi, à la naissance de mon premier enfant, je me sentais un peu comme ça.

Ce n'est pas qu'on n'a pas confiance en les autres, c'est plutôt qu'on n'est pas encore tout à fait prêt à « couper le cordon », celui-là même qui était bel et bien présent quelques heures plus tôt. Ce n'est même pas vraiment rationnel ou raisonné, on ne le fait pas exprès pour frustrer ou priver les autres, c'est juste que l'idée de laisser sa progéniture s'éloigner de soi peut être très anxiogène pour une toute jeune maman. Sincèrement, c'est quelque chose qui m'a beaucoup déplu, mais pour mon premier uniquement.
Pour le deuxième, ça a été très différent. Je pense que j'étais plus sereine, parce que je savais à quoi m'attendre. Je m'étais faite à l'idée que je ne pouvais pas aller contre l'enthousiasme des autres, et je savais par expérience qu'un bébé qui dort se moque des bras dans lesquels il se trouve. De plus, comme on avait déménagé assez loin, la majorité de nos proches ne nous a pas rendu visite à la maternité, mais plus tard chez nous, alors qu'on avait déjà repris un peu nos marques et retrouvé notre cocon. Ce qui, j'en suis certaine, aide énormément à se sentir plus disposée à « partager ».

Quand la rencontre AVEC L'ENFANT n'est pas tout à fait CELLE QU'ON ESPÉRAIT

On t'imagine radieuse, comblée, plus heureuse que jamais. Ton accouchement s'est bien passé, tu as un beau bébé et le papa est à tes côtés, que demander de plus ? Le regard de l'entourage peut devenir pesant quand on oublie qu'une naissance est aussi un choc psychologique qui n'est pas vécu de la même manière par toutes les femmes : **« On ne naît pas mère, on le devient. »** Certes, on a la plus belle des raisons d'être heureuse, mais ce n'est pas souvent aussi simple et une jeune maman aura besoin de temps pour se sentir de nouveau en phase avec elle-même et avec son nouveau-né.

La légende se vérifie bien souvent : même quand on a vécu un accouchement long et pénible, au moment où on nous pose ce petit être sur le ventre et qu'on découvre enfin son visage, son odeur, son regard, on oublie tout. Je dis « bien souvent » parce que certaines femmes ne vivent pas cet émerveillement, elles ont besoin de temps avant de se sentir mamans.

L'instinct maternel et le lien avec son nouveau-né sont un thème qu'il me tient à cœur d'aborder, parce que c'est tabou, parce que c'est mal vu, parce que c'est sujet à autant d'incompréhension qu'à de vilaines remarques. Cependant, voilà, l'attachement à son bébé n'est pas forcément automatique. Plusieurs facteurs peuvent entrer en compte et bousculer l'image qu'on s'en faisait, freinant un peu ce lien quasi mystique qu'on nous dépeint depuis la nuit des temps. Alors, plutôt que de culpabiliser ces jeunes mères, autant aborder ce sujet délicat que personne ne devrait taire.

L'attachement
À SON BÉBÉ
n'est pas forcément
AUTOMATIQUE.

Bébé imaginé vs Bébé réel

La grossesse est le temps de toutes les suppositions. Ce bébé que l'on attend, on l'imagine petit, gros, potelé, fin, blond, brun, garçon, fille. On va même lui attribuer des traits de caractère selon notre ressenti, selon ses mouvements qui traduisent un peu « sa personnalité », mais aussi selon les remarques du personnel médical. C'est ainsi que, lors de ma deuxième grossesse, me fiant à mon gynécologue qui m'annonçait un bébé de 3,8 à 4 kg, je me suis mise à imaginer mon fils comme un bébé très joufflu et dodu. Et je dois reconnaître que, même si ça n'a pas du tout été un traumatisme, lorsqu'à la naissance on l'a posé sur moi, avant même de dire autre chose, je me suis exclamée : « Mais il est tout petit ! » J'étais abasourdie de découvrir mon nouveau-né si petit alors que, pendant des mois, on m'avait mise en garde sur son poids soi-disant élevé qui risquait même de compliquer un accouchement par voie basse (alors qu'au final, ça s'est passé très vite et sans accroc). Eh oui, parfois les médecins se trompent : il ne pesait que 3 kg. Et ce n'était pas une erreur bien grave, ça nous a même fait rire. Pourtant, ça illustre très bien la réaction qu'on peut avoir quand on ne découvre pas vraiment le bébé auquel on s'attendait. Que dire de ces parents qui, des mois durant, ont aménagé une chambre d'enfant dans les tons mauve et rose (se fiant à ce qu'on leur avait annoncé à l'échographie), leur ayant assuré qu'il s'agissait d'une fille, et découvrant un garçon à la naissance ? Si certains couples prendront la chose avec humour, pour d'autres, le choc pourra être tel que ce sera un véritable drame.

Et puis pendant la grossesse, ce bébé, bien souvent, on l'idéalise. La grossesse est une sorte d'état de grâce pendant lequel certaines femmes fantasmeront l'enfant parfait, beau, calme, doux et gracieux. Mais parfois, au cours des premières heures ou des premiers jours, on déchante. Ce bébé est un peu grognon, on nous dit qu'il a des coliques. Il chouine, se tortille, pleure, voire hurle. Ce n'est plus la créature paisible qu'on hébergeait en son sein comme on savoure un doux rêve, c'est tout à coup un être humain avec ses premières misères, ses besoins. Il faut le nourrir, lui changer les couches, le bercer. Parfois, cette petite chose qu'on aura entre les bras, on ne la reconnaîtra pas. Il arrive que l'enfant qu'on accueille ne corresponde pas à l'image qu'on s'en faisait.

C'est étonnant, mais pas rare pour autant : nombreuses sont les femmes qui dépeignent leur bébé comme n'étant pas celui qu'elles attendaient. Certaines, rongées de culpabilité, iront jusqu'à dire qu'elles ont le sentiment qu'on leur a « volé » le bébé qu'elles ont porté 9 mois durant. Elles confessent que le fœtus qu'elles portaient leur manque, comme si on les avait dépossédées.

LE MOT DU papa

Il faut l'admettre, c'est une situation difficile à gérer, puisqu'en tant que papa, c'est un peu l'inverse : ce bout'chou, on est content de pouvoir enfin le toucher. Mais la maman, qui l'a porté tout au long de la grossesse, risque de se sentir dépossédée de son bien le plus précieux. Tu peux toutefois compenser ce manque par ta présence rassurante, et même redoubler de marques d'attention et d'affection. Une petite carte pour lui rappeler que tu l'aimes, un petit bouquet de fleurs pour lui montrer qu'elle a toujours la place qu'elle avait avant, ou un bijou pour la remercier de vous avoir donné un enfant. Les solutions sont toutes aussi diverses que les motivations.

Le syndrome du ventre vide

Là encore, je n'en avais jamais entendu parler pendant ma grossesse, et pourtant, je l'ai vécu même si ça a été d'assez courte durée. On est là, ravie, heureuse d'avoir ce bébé tant attendu et désiré, on le regarde, il est beau et parfait, mais paradoxalement, on se sent vide. C'est probablement quelque chose d'assez commun quand on a adoré être enceinte.

Moi, j'ai toujours aimé ça, ce sont les mois de ma vie où je me suis sentie la plus comblée, la plus jolie, la plus utile, la plus vivante. Alors, forcément, quand tout s'arrête, un peu brusquement il faut le dire, l'esprit a du mal à intégrer le fait que tout ça, c'est fini. L'attention des autres aussi est subitement dirigée vers l'enfant, alors que 9 mois durant, c'était toi le centre du monde. Il y a probablement un besoin d'attention un peu trop prononcé dans ce syndrome du ventre vide, c'est vrai. Mais qui donc se plaindrait qu'on prenne soin de lui ?

En toute franchise, je me suis étonnée à caresser mon ventre pendant plusieurs jours après l'accouchement, par réflexe, sans vraiment m'en rendre compte. D'ailleurs, quand je me surprenais la main dessus, je l'enlevais immédiatement, me jugeant moi-même d'un œil négatif en mode : « Tu fais quoi, là ? Bébé est dans son lit, plus dans ton ventre. Tu débloques. » Si, de mon côté, j'ai eu la chance que ça passe plutôt rapidement, pour certaines femmes, cette rupture avec la grossesse sera telle qu'elles ne s'en remettront pas seules et auront du mal à tisser un lien avec leur nouveau-né. Ce genre de sentiment puissant, celui d'avoir été dépossédée d'un état qui nous comblait moralement et physiquement de bonheur, peut même mener à une dépression post-partum qui n'est vraiment pas à négliger, ni par toi, ni par l'entourage, ni par le papa en particulier.

La dépression post-partum

Allez, promis, après j'arrête avec les trucs pas réjouissants, mais depuis le début de ce livre, je tiens à aborder aussi bien les aspects positifs que négatifs de la maternité. Je me dis toujours que plus on sait à l'avance ce à quoi on peut s'attendre, moins on est surpris et mieux on peut faire front. Et la dépression post-partum, aussi appelée « dépression périnatale », touche beaucoup de femmes – inutile donc de te dire d'entrée de jeu que c'est toi la plus nulle et que toutes les autres y arrivent très facilement.

Il s'agit donc d'une véritable dépression (c'est-à-dire une maladie dont tu n'es pas responsable, et dont tu ne peux pas guérir seule) et les premiers symptômes ne sont pas forcément consécutifs à la naissance puisqu'ils peuvent se manifester à tout moment pendant la première année de bébé. Elle peut être déclenchée par la combinaison de plusieurs symptômes dont on a parlé plus haut (fatigue physique et morale, pleurs du bébé, remarques de l'entourage, sentiment qu'on nous a volé notre grossesse, que le bébé réel n'est pas celui auquel on s'attendait...), mais aussi par certains aspects physiologiques (variations des hormones, allaitement/sevrage du bébé...).

Sincèrement, cela demanderait un chapitre entier, voire un autre livre pour en parler, mais pour faire court : puisque le traitement est beaucoup plus efficace lorsque la dépression post-partum est détectée tôt, il vaut mieux ne pas dissimuler son mal-être et surtout ne pas hésiter à demander du soutien. **Le papa, entre autres, aura un rôle majeur dans la guérison**, et une consultation chez un médecin est indispensable. Pas de honte à ça, on le répète, ça arrive à une multitude de jeunes mamans. Si ça t'arrive, dis-toi bien que tu n'es pas un cas isolé ni désespéré, bien que la dépression post-partum te fasse voir le verre à moitié vide.

LE MOT DU papa

Si elle ne s'y oppose pas, il serait probablement bon d'accompagner votre amoureuse chez un professionnel de santé, de façon qu'elle puisse se sentir soutenue et rassurée. Même si les circonstances sont compliquées à gérer, ce n'est pas sa faute et ce n'est pas la vôtre non plus. Rappelez-vous que ce sont des choses qui arrivent et qui sont surmontables pour peu qu'on ne les néglige pas.
Ne vous culpabilisez pas, et ne la culpabilisez pas non plus.

RELATIVISER (encore) et SE CONCENTRER sur LE POSITIF !

Allez, il y a plein de petits désagréments qui suivent une naissance, c'est vrai, mais c'est quand même un moment exceptionnel que vous venez tous de vivre. L'arrivée d'un enfant chamboule tout, il faut tout redéfinir, de la vision qu'on a de notre corps à nos habitudes du quotidien, et ce n'est pas toujours facile, mais le jeu en vaut la chandelle et tant que le papa et toi aborderez ces changements avec du recul et de la positivité, tu verras, les choses vous sembleront moins compliquées ! Voilà donc quelques derniers conseils pour bien démarrer votre nouvelle vie avec bébé !

Anticiper les galères

C'est important de commencer par se dire que, oui, ça va être le bazar pendant un temps, que, oui, on sera probablement KO pendant un moment et que ça prendra du temps de trouver son rythme avec un bébé. **Accepter par avance qu'on ne maîtrise pas tout et que c'est aussi cette part de mystère qui fait toute la beauté de la vie de parents,** c'est encore le meilleur moyen de vivre ce chamboulement avec bienveillance et sans se prendre (trop) la tête !

Ne pas oublier que ton cœur est extensible

Beaucoup de mamans (si ce n'est pas toutes) se posent ces questions parfois entêtantes : « Comment pourrais-je aimer un nouveau bébé autant que ses frères et sœurs ? » C'est tout à fait légitime de s'inquiéter, bien que la vérité, c'est que tu ne les aimeras pas moins, mais que ton cœur développera une merveilleuse faculté à déployer un amour toujours plus grand et puissant. Je sais bien, c'est probablement compliqué de le concevoir tant qu'on ne le vit pas, et pourtant, rien n'est moins véridique : **l'amour, ça se multiplie à l'infini, promis.**

Parler avec ses aînés et savourer plutôt qu'angoisser

Si tes autres enfants sont déjà grands, bien sûr, ce devrait être chose un peu plus aisée que de leur expliquer ce qui les attend, même s'il leur faudra dans tous les cas, comme pour vous, quelques jours ou semaines pour s'adapter à la nouvelle vie de famille. Pour les petits, surtout quand l'écart d'âge est très serré, c'est parfois plus délicat. Un enfant qu'on considère encore comme un bébé aura peut-être du mal à comprendre que maman ne soit plus aussi disponible.

Forcément, pendant quelques jours, voire quelques semaines, tu ne seras plus aussi disposée à répondre à toutes les attentes de tes aînés. Pourtant, **même un tout petit est capable de comprendre lorsqu'on lui parle,** alors n'oublie pas de verbaliser les choses de façon claire et accessible, avec le papa de préférence, dès la grossesse. Le papa a un rôle à jouer avec le nouveau-né bien entendu, mais quand maman sera accaparée par bébé, il pourra profiter de moments privilégiés avec son ou ses aînés. Pour avoir deux enfants et bientôt trois, je peux t'assurer que ça se passe généralement très bien, et que, si l'on prend un minimum le temps d'expliquer ce qui se passe pendant la grossesse à ses grands, avec des termes accessibles, des livres pour enfants et surtout du temps, ils sont bien souvent très enthousiastes à l'idée d'accueillir un nouveau membre dans la famille. Plutôt que de l'inquiétude, ce sont surtout des moments des plus attendrissants qui vous attendent, autant ne pas s'en faire une maladie et profiter !

Non, ta vie amoureuse n'est pas terminée quand tu deviens maman

Certes, il faudra quelques semaines, peut-être quelques mois à ton corps pour se remettre totalement de la naissance, le temps que tu retrouves tes forces, que tu prennes tes habitudes avec bébé, que ton utérus retrouve sa taille initiale, ton périnée sa tonicité et que, si sutures il y a eu, elles aient le temps de cicatriser. Une fois encore, il n'y a pas de règle et ça peut être plus ou moins long selon les accouchements et selon les femmes, mais sortir en couple, se désirer et faire l'amour, ce n'est pas de l'histoire ancienne ! Autant parler franchement : la première fois après une naissance ne sera peut-être pas la plus dingue de ta vie et vous l'appréhenderez peut-être tous les deux, mais en y allant en douceur et sans se forcer, tu verras que ça redeviendra vite naturel et agréable de vous retrouver dans l'intimité. Plutôt que de redouter ces moments à deux, je te conseille bien au contraire de les attendre avec impatience et de ne pas chercher à tirer un trait sur ta vie de femme quand tu deviens maman. **Un enfant heureux est entouré de parents heureux, il n'y a pas de secret.**

Tenir un registre du bonheur

Mentalement ou dans un carnet, n'hésite pas à comptabiliser tous les petits moments de bonheur que t'apporte ta nouvelle vie de jeune maman, car il y en a et il y en aura beaucoup d'autres encore. Ça peut sembler ridicule, et pourtant, le vieil adage disant qu'« avec le temps, tous les souvenirs sont bons » se vérifie bien souvent. De nombreuses femmes qui ont vécu une grossesse ou un accouchement « catastrophe » tombent pourtant de nouveau enceintes, simplement parce que, dans leur malheur, elles ont su retenir le meilleur. Parce qu'être mère, c'est vivre mille bonheurs intenses, c'est partager avec son conjoint les premiers sourires de bébé, ses premiers rires, ses premières bêtises. C'est se reconnaître dans certaines de ses expressions, c'est rester fasciné en découvrant à quel point c'est un savant mélange de vous deux. C'est se dire que c'est tout de même miraculeux d'avoir créé à deux un être unique qui est un peu de vous deux tout en étant un individu à part entière.

Et puis, devenir parents, c'est vrai, ça rend un peu bêtes parfois : à titre d'exemple, je me souviens de cette fois où, sans qu'on n'ait compris pourquoi, notre aîné, alors âgé d'un an et demi, a jeté avec force son biberon (plein) à travers l'écran de l'ordinateur de son papa, qui s'est brisé à tel point qu'on n'a jamais pu le réparer (l'écran, hein, pas le papa). Sur le coup, on s'est fâché, on était contrarié. C'était un outil de travail, c'était un objet de valeur. Oui, mais voilà, quatre ans plus tard on raconte ça à nos amis et on rit bêtement. C'est vrai, c'est idiot, mais ça nous fait rire autant que la fois où il a renversé un paquet de spaghettis sur le carrelage de la cuisine. Je peux te dire qu'on ne verrait pas la chose du même œil si ç'avait été notre meilleur pote qui avait dézingué cet ordinateur...

Tout ça pour dire qu'au milieu de cette ribambelle de nuits blanches, de couches à changer et autres petites et grosses bêtises, devenir parents va vous faire prendre du recul sur les choses, ça va vous apprendre à toujours regarder la vie du bon côté, à vous concentrer sur tout ce que vous avez déjà, à savourer chacun de ses exploits, bref, **ça va vous donner mille raisons d'être heureux.**

Un dernier petit mot AVANT DE TE LAISSER VOGUER sur les LES FLOTS de la maternité…

J'espère que ce livre, que je qualifierai à la fois de guide pratique et de témoignage, t'aura permis d'apprendre, de te rassurer et de vivre une grossesse la plus sereine possible. J'espère qu'à travers ces pages, tu auras su préparer et savourer un accouchement qui te correspond et accueillir en douceur ce petit bonheur qui deviendra grand.

N'oublie pas de toujours bien t'entourer, de ne jamais hésiter à demander de l'aide si tu en ressens le besoin, et de rester toi, c'est-à-dire **une maman, c'est vrai, mais aussi une compagne et, par-dessus tout, une femme.**

Je vous souhaite, au papa et à toi, une magnifique expérience de parents.

Remerciements

Mon plus grand MERCI va à mon mari, Denis, sans qui jamais je n'aurais connu le bonheur que j'ai la chance de vivre. Merci d'avoir été à mes côtés dès les prémices de notre aventure de parents, merci d'être depuis le début ce compagnon et cet ami aussi attentionné qu'impliqué. C'est un privilège de partager ta vie et d'avoir pu te donner ces trois petits gars qui ont fait de toi un homme plus exceptionnel encore à mes yeux. Je t'aime, plus qu'hier et moins que demain.

Merci à mes garçons, vous les trois petites têtes blondes qui avez chamboulé ma vie dans le sens le plus merveilleux du terme. Être votre maman est de loin l'expérience la plus magnifique et la plus enthousiasmante qui soit. Vous avoir portés, mis au monde et vous accompagner au quotidien, c'est un cadeau d'une valeur inestimable que je chéris plus que tout. Je vous aime du plus profond de mon cœur et ne vous serai jamais assez reconnaissante d'avoir fait de moi une maman. Oh, et puis surtout, s'il vous plaît, ne grandissez pas trop vite...

Merci à Jade Sequeval de nous avoir accompagnés pendant ma troisième grossesse afin d'offrir à ce livre les clichés les plus beaux et authentiques qui soient et qui constituent pour nous de magnifiques souvenirs.

Merci à Dominique Furstoss, sage-femme à l'hôpital Albert-Schweitzer de Colmar, pour son témoignage et son approche bienveillante de la grossesse à travers l'haptonomie.

Merci à Nathalie Le Breton pour l'enthousiasme immédiat qu'elle a manifesté pour cet ouvrage, ainsi que pour la préface qui introduit si bien ce que je tenais à partager.

Merci à toute l'équipe Larousse et en particulier à Aurélie Starckmann qui a eu immédiatement foi en moi et en ce projet.

Enfin, un grand merci aux lectrices qui m'accorderont leur confiance. J'espère sincèrement que ce guide vous permettra d'aborder votre grossesse avec sérénité.

Crédits

Toutes les photographies (couverture et intérieur) ont été réalisées par Jade Sequeval, Melissa Bellevigne et Barbara Poulain.
Les cartes p. 87, 104, 106, 122 (et plat 4 de couverture), 131 et 150 sont extraites de *Cartes Étapes - kit Grossesse*/Wedding Touch
@Shutterstock : photo page 79 / Natalia D., fonds à motifs (16-17, 50-51, 127-128, 142-143, 172-173, 222-223),
dessins (crayon, visages, aquarelles)

Imprimé en Espagne
par Macrolibros
Dépôt légal : février 2019
322253/01 - 11039001 - décembre 2018

PAPIER À BASE DE FIBRES CERTIFIÉES

LAROUSSE s'engage pour l'environnement en réduisant l'empreinte carbone de ses livres. Celle de cet exemplaire est de :
2,1 kg éq. CO_2
Rendez-vous sur www.larousse-durable.fr